ÉDITORIAL
OCTOBRE 2025

prêtre assomptionniste

L'amour pour mission

Dans son premier message adressé aux évêques et catholiques de France, le pape Léon XIV a mis en exergue trois figures de sainteté : Jean Eudes, Jean-Marie Vianney et Thérèse de Lisieux, pour le centenaire de leur canonisation. « Ils ont aimé sans réserve Jésus de manière simple, forte et authentique ; ils ont fait l'expérience de sa bonté et de sa tendresse dans une particulière proximité quotidienne, et ils en ont témoigné dans un admirable élan missionnaire. » Trois qualités à imiter en ce mois des missions. La petite Thérèse, fêtée le 1er octobre, a merveilleusement exprimé sa vocation : « Dans le cœur de l'Église ma mère, je serai l'amour. » Quelle grande ambition ! Avec son journal d'une âme, elle a inspiré des millions de chrétiens. Aimer, c'est aussi espérer. « Renouvelons donc la mission de l'espérance à partir de la prière, surtout celle faite de la parole de Dieu et en particulier des psaumes, qui sont une grande symphonie de prière dont le compositeur est l'Esprit Saint », nous dit le message du pape pour la Journée mondiale des missions, le 19 octobre. ■

Renouvelons la mission de l'espérance à partir de la prière, surtout celle faite de la parole de Dieu.

Annonce

ŒUVRES PONTIFICALES MISSIONNAIRES (OPM)

OPM

Soutenir la mission universelle de l'Église

À l'invitation du pape Léon XIV, nous sommes tous invités à vivre la Semaine missionnaire mondiale du 12 au 19 octobre. C'est le rendez-vous annuel des OPM pour que tous les baptisés participent concrètement à la mission universelle de l'Église.

En fondant l'Œuvre de la propagation de la foi en 1822, la bienheureuse Pauline Jaricot savait-elle que celle-ci deviendrait la première des Œuvres pontificales missionnaires ? C'est en tout cas de cette initiative lyonnaise que sont nées les OPM, présentes aujourd'hui dans 140 pays sur les cinq continents avec comme but d'annoncer l'Évangile à toutes les nations. Dans les terres de mission d'Afrique, d'Asie, d'Amérique latine et d'Océanie, les OPM soutiennent le fonctionnement de 1 131 diocèses, la formation de 80 000 séminaristes et 220 000 catéchistes,

© OPM

et financent près de 5 500 projets : construction d'un pensionnat au Cambodge, d'une église au Burkina Faso, de salles de catéchisme aux Galapagos ou encore achat d'une machine à hosties au Gabon !
L'action concrète du Saint-Père et de l'Église est rendue possible grâce aux dons des fidèles aux OPM, tout au long de l'année mais surtout lors de la quête impérée du dimanche des missions qui lui est reversée. Les OPM sont ainsi « l'instrument privilégié du Saint-Siège pour l'annonce de l'Évangile », là où l'Église est encore jeune et en croissance.

Prier avec le Saint-Père

Intention universelle du mois d'octobre 2025

Prions pour que les croyants
de différentes traditions religieuses
travaillent ensemble afin de défendre
et de promouvoir la paix,
la justice et la fraternité humaine.

Pour vous aider à prier :
www.prieraucoeurdumonde.net

SAINTS ET SAINTES DU MOIS D'OCTOBRE 2025

Xavier Lecœur, journaliste et historien

Chaque jour, l'Église fête plusieurs saints et bienheureux : ceux du calendrier romain, ceux des calendriers diocésains et ceux du calendrier des Églises orientales.
Tous les mois, Prions en Église *vous propose d'en découvrir quelques-uns.*

1er octobre
Ste Thérèse de l'Enfant-Jésus
(1873-1897)
L'Église célèbre cette année le 100e anniversaire de la canonisation, par le pape Pie XI, de l'humble carmélite de Lisieux (14) qui a défini une « petite voie, bien droite, bien courte [...] toute nouvelle » pour « aller au Ciel ».

2 octobre
Les saints anges gardiens

3 octobre
Ste Émilie de Villeneuve
(1811-1854)
Il y a dix ans, en 2015, la fondatrice de la congrégation des Sœurs de l'Immaculée Conception de Castres était canonisée à Rome. Elle entendait agir « pour la gloire de Dieu et le bien corporel et spirituel des pauvres ».

4 octobre
Ste Aure
(VIIe siècle)
Première abbesse du monastère Saint-Martial fondé en 633 à Paris par saint Éloi. Ce monastère compta jusqu'à 300 moniales d'origines très diverses : nobles franques, servantes et même anciennes esclaves affranchies.

5 octobre
St Placide
(VIe siècle)
Tout comme saint Maur, il fut un fidèle disciple du futur saint Benoît de Nursie, le père des moines d'Occident.

6 octobre
Ste Foy
(IIIe siècle)
Jeune chrétienne martyrisée à Agen (47). C'est à Conques (12), où ses reliques furent transportées au IXe siècle, que son culte prit son essor.

7 octobre
Bx Joseph Toniolo
(lire page 46)

8 octobre
Bx Jean Adams, Robert Dibdale et Jean Lowe
(XVIe siècle)
Lors des répressions anticatholiques décrétées par la reine Élisabeth Ire, ces trois prêtres anglais furent exécutés pour avoir exercé leur ministère auprès des fidèles.

9 octobre
St Ghislain
(vers 600-683)
Le monastère fondé par cet ermite près de Mons est à l'origine de la ville actuelle de Saint-Ghislain, dans la province belge du Hainaut.

10 octobre
St Clair
(IVe siècle)
Premier évêque de Nantes. Son tombeau se trouve à Réguiny (56).

11 octobre
St Alexandre Sauli
(1534-1592)
Ce religieux barnabite fut l'évêque d'Aléria durant plus de vingt ans. Son activité pastorale fut si intense qu'on le surnomma l'« apôtre de la Corse ». Canonisé par saint Pie X en 1904.

12 octobre
Bx Louis Brisson
(1817-1908)
« Cramponnons-nous au Bon Dieu ; ne nous laissons pas séparer de lui par quoi que ce soit », exhortait ce prêtre champenois, fondateur des Oblates et des Oblats de Saint-François-de-Sales. Béatifié en 2012.

13 octobre
Bx Pierre-Adrien Toulorge
(1757-1793)
Prêtre et chanoine prémontré de l'abbaye de Blanchelande (50). Il fut guillotiné sous la Terreur. Béatifié en 2012.

14 octobre
St Calliste Ier
(IIe-IIIe siècles)
Ancien esclave devenu diacre puis pape, il combattit les hérésies, mais fit preuve d'indulgence envers les apostats repentis.

15 octobre
Ste Thérèse d'Avila
(1515-1582)
« Celui qui possède Dieu ne manque de rien. Dieu seul suffit ! », affirmait cette grande mystique, réformatrice de l'ordre du Carmel. Première femme docteur de l'Église.

16 octobre
Ste Marguerite-Marie Alacoque
(1647-1690)
Soutenue par son directeur spirituel

saint Claude La Colombière, cette religieuse visitandine de Paray-le-Monial (71) donna une impulsion décisive à la dévotion au Sacré-Cœur de Jésus. Canonisée en 1920.

17 octobre
Bx Contardo Ferrini
(1859-1902)
Universitaire italien réputé, il fut aussi tertiaire franciscain et membre actif de la Société de Saint-Vincent-de-Paul. « Je ne saurais concevoir une vie sans prière », écrivait-il. Béatifié en 1947.

18 octobre
St Luc
(Ier siècle)
Converti au Christ après sa rencontre avec saint Paul, ce médecin d'Antioche le suivit dans ses voyages missionnaires. Auteur du troisième évangile et du livre des Actes des Apôtres.

19 octobre
St Paul de la Croix
(1694-1775)
« Dieu a tant souffert pour moi : est-ce trop que je fasse quelque chose pour son amour ? », s'interrogeait le fondateur de la congrégation des Passionistes, dont la mission est de propager la dévotion à la passion du Christ.

20 octobre
Ste Marie-Bertille Boscardin
(1888-1922)
Durant la Première Guerre mondiale, cette infirmière italienne, religieuse de Sainte-Dorothée, se dévoua sans relâche auprès des blessés. Canonisée en 1961.

21 octobre
Ste Céline
(Ve siècle)
Chrétienne fervente et mère du futur grand archevêque de Reims, saint Remi.

22 octobre
St Jean-Paul II
(1920-2005)
On a commémoré cette année le 20e anniversaire du rappel à Dieu du premier pape polonais de l'histoire, le 2 avril 2005, après vingt-six années d'un pontificat hors normes. Canonisé en 2014. Le 22 octobre est le début de son pontificat.

23 octobre
St Romain
(VIIe siècle)
Après avoir vécu à la cour du mérovingien Clotaire II, il fut élu évêque de Rouen (76), ville dont il est le saint patron.

24 octobre
Bx Joseph Baldo
(1843-1915)
« L'eucharistie est une lumière qui éclaire, une nourriture qui restaure et fortifie », soulignait ce prêtre italien, fondateur de la congrégation enseignante et hospitalière des Petites Filles de Saint-Joseph. Béatifié en 1989.

25 octobre
Ste Tabitha
(Ier siècle)
Habitante de Joppé (ou Jaffa), en Palestine, elle fut ressuscitée par saint Pierre (Ac 9, 36-42).

26 octobre
St Sigebaud
(VIIIe siècle)
L'un des plus grands évêques de Metz, fondateur de plusieurs abbayes, dont celle de Saint-Avold (57).

27 octobre
Bse Antoinette de Brescia
(1407-1507)
Dominicaine italienne. Elle réforma le monastère de Ferrare, rappelant notamment aux religieuses leur vœu de pauvreté.

28 octobre
St Faron
(VIIe siècle)
Frère de sainte Burgondofare (fondatrice du monastère de Faremoutiers), il renonça à sa charge de chancelier du roi Dagobert pour entrer dans les ordres. Nommé évêque de Meaux (77), il favorisa la vie monastique.

29 octobre
Bse Chiara Luce Badano
(1971-1990)
Jeune Italienne, membre du mouvement des Focolari, qui, durant sa courte vie, témoigna d'une foi lumineuse. Béatifiée en 2010.

30 octobre
St Astère d'Amasée
(vers 335-vers 410)
« Vous donc qui êtes durs et incapables de douceur, apprenez la miséricorde de votre Créateur », conseillait cet évêque d'Amasée (aujourd'hui Amasya, en Turquie), dont on possède seize homélies.

31 octobre
St Quentin
(IIIe siècle)
Ce citoyen romain, venu évangéliser la Gaule, fut décapité dans la ville picarde qui porte désormais son nom. ●

Prions avec les textes de la messe

DU 1ER AU 31 OCTOBRE 2025

Partagez vos intentions de prière

....

....

....

....

....

....

....

....

....

Envoyez vos intentions de prière à :
Prions en Église, Intentions de prière, 15 boulevard Gabriel Péri, CS 10042, 92245 Malakoff Cedex. **Elles seront portées par la rédaction au sanctuaire Notre-Dame de Montligeon, les 1er et 2 novembre 2025.**

MERCREDI 1ER OCTOBRE 2025

26E SEMAINE DU TEMPS ORDINAIRE COULEUR LITURGIQUE : BLANC

1er - 4

Sainte Thérèse de l'Enfant-Jésus

1873-1897. Entrée au Carmel de Lisieux à l'âge de 15 ans, elle est à l'origine d'une spiritualité de simplicité et d'abandon à l'amour de Dieu. Docteur de l'Église depuis 1997, patronne des missions.

Antienne d'ouverture

Le Seigneur a entouré sainte Thérèse, il l'a instruite, il l'a gardée comme la prunelle de l'œil. Comme l'aigle qui déploie ses ailes et emporte ses petits, le Seigneur seul l'a conduite. (cf. Dt 32, 10-12)

Prière

Seigneur Dieu, tu ouvres ton royaume aux humbles et aux petits ; donne-nous de marcher avec confiance sur la voie tracée par sainte Thérèse de l'Enfant-Jésus, afin que, par son intercession, ta gloire éternelle nous soit révélée. Par Jésus… — ***Amen.***

Lecture

du livre de Néhémie (2, 1-8)

« Si tel est le bon plaisir du roi, laisse-moi aller dans la ville où sont enterrés mes pères, et je la rebâtirai. »

Moi, Néhémie, j'étais alors échanson du roi. La vingtième année du règne d'Artaxerxès, au mois de Nissane, je présentai le vin et l'offris au roi. Je n'avais jamais montré de tristesse devant lui, mais ce jour-là, le roi me dit : « Pourquoi ce visage triste ? Tu n'es pourtant pas malade ! Tu as donc du chagrin ? » Rempli de crainte, je répondis : « Que le roi vive toujours ! Comment n'aurais-je pas l'air triste, quand la ville où sont enterrés mes pères a été dévastée, et ses portes, dévorées par le feu ? » Le roi me dit alors : « Que veux-tu donc me demander ? » Je fis une prière au Dieu du ciel, et je répondis au roi : « Si tel est le bon plaisir du roi, et si tu es satisfait de ton serviteur, laisse-moi aller en Juda, dans la ville où sont enterrés mes pères, et je la rebâtirai. » Le roi, qui avait la reine à côté de lui, me demanda : « Combien de temps durera ton voyage ? Quand reviendras-tu ? » Je lui indiquai une date qu'il approuva, et il m'autorisa à partir. Je dis encore : « Si tel est le bon plaisir du roi, qu'on me donne des lettres pour les gouverneurs de la province qui est à l'ouest de l'Euphrate, afin qu'ils facilitent mon passage jusqu'en Juda ; et aussi une lettre pour Asaph, l'inspecteur des forêts royales, afin qu'il me fournisse du bois de charpente pour les portes de la citadelle qui protégera la maison de Dieu, le rempart de la ville, et la maison où je vais m'installer. » Le roi me l'accorda, car la main bienfaisante de mon Dieu était sur moi. – Parole du Seigneur.

Psaume 136 (137)

℟ ***Que ma langue s'attache à mon palais si je perds ton souvenir !***

Au bord des fleuves de Babylone
nous étions assis et nous pleurions,
nous souvenant de Sion ;
aux saules des alentours
nous avions pendu nos harpes. ℟

C'est là que nos vainqueurs
nous demandèrent des chansons,
et nos bourreaux, des airs joyeux :
« Chantez-nous, disaient-ils,
quelque chant de Sion. » ℟

Comment chanterions-nous
un chant du Seigneur
sur une terre étrangère ?
Si je t'oublie, Jérusalem,
que ma main droite m'oublie ! ℟

Je veux que ma langue
s'attache à mon palais
si je perds ton souvenir,
si je n'élève Jérusalem
au sommet de ma joie. ℟

Acclamation de l'Évangile

Alléluia. Alléluia. J'ai tout perdu ; je considère tout comme des ordures, afin de gagner un seul avantage, le Christ et, en lui, d'être reconnu juste. ***Alléluia.***

Évangile de Jésus Christ

selon saint Luc (9, 57-62)

« Je te suivrai partout où tu iras »

En ce temps-là, en cours de route, un homme dit à Jésus : « Je te suivrai partout où tu iras. » Jésus lui déclara : « Les renards ont des terriers, les oiseaux du ciel ont des nids ; mais le Fils de l'homme n'a pas d'endroit où reposer la tête. »
Il dit à un autre : « Suis-moi. » L'homme répondit : « Seigneur, permets-moi d'aller d'abord enterrer mon père. » Mais Jésus répliqua : « Laisse les morts enterrer leurs morts. Toi, pars, et annonce le règne de Dieu. »
Un autre encore lui dit : « Je te suivrai, Seigneur ; mais laisse-moi d'abord faire mes adieux aux gens de ma maison. » Jésus lui répondit : « Quiconque met la main à la charrue, puis regarde en arrière*, n'est pas fait pour le royaume de Dieu. »

Prière sur les offrandes

Nous proclamons tes merveilles, accomplies en sainte Thérèse, Seigneur, Dieu de majesté, et nous te supplions humblement : toi qui appréciais les mérites de sa vie, accepte l'hommage de notre service. Par le Christ, notre Seigneur. **— *Amen.***

Antienne de la communion

Si vous ne changez pas
pour devenir comme des enfants,
dit le Seigneur, vous n'entrerez pas
dans le royaume des Cieux.
(Mt 18, 3)

Prière après la communion

Par le sacrement que tu nous as donné, Seigneur, allume en nous cet amour ardent qui incitait sainte Thérèse à s'attacher à toi et à désirer obtenir ta miséricorde pour tous. Par le Christ, notre Seigneur. **— *Amen.***

INVITATION

Nous fêtons aujourd'hui sainte Thérèse, la patronne des missions.
Y a-t-il un missionnaire que je connais à qui je peux exprimer mon soutien par une carte, un e-mail, un message... ?

COMMENTAIRE

Sans lieu de repos, mais pas sans repos Luc 9, 57-62

La suite du Christ est une marche, sans lieu où demeurer, sans regard en arrière. Toute l'existence de Jésus est à la dure, sans assurance. Voilà pourquoi il est si difficile à suivre, malgré nos désirs. « Suis-moi. » Avec lui, le repos n'est pas un lieu mais une attitude intérieure, une demeure établie en Dieu. Regarder en arrière ou s'arrêter serait mourir. Marche, habite le Vivant. ■

Colette Hamza, xavière

✲ CLÉ DE LECTURE

« En arrière » Luc 9, 62 *(p. 15)*

Après la résurrection de Jésus, des groupes de disciples itinérants parcourent la Galilée, annonçant la Bonne Nouvelle et l'imminence du Royaume. Rappelant l'enseignement de Jésus, ils en accentuent la rigueur, ils insistent sur l'urgence et prônent une exigence radicale qui consiste à tout laisser pour se consacrer à la mission. Pouvons-nous encore l'entendre ? Jésus n'exige pas d'oublier le passé et de renier ceux que nous aimons. Mais, comme Élisée qui, après avoir salué les siens, s'est mis en marche derrière Élie (cf. 1 R 1, 20), Jésus demande à ses disciples de laisser « en arrière » tout ce qui les ramène à eux-mêmes, le souci de soi qui enferme, jusqu'à l'obsession du « devoir », tout ce qui empêche d'aimer et d'accueillir plus largement ! ■

Roselyne Dupont-Roc, bibliste

JEUDI 2 OCTOBRE 2025

COULEUR LITURGIQUE : BLANC

Saints anges gardiens

L'Église fait mémoire aujourd'hui des saints anges gardiens, auxquels Dieu a confié la mission d'assurer auprès des hommes une présence fraternelle.

Antienne d'ouverture

Tous les anges du Seigneur, bénissez le Seigneur ;
chantez sa louange et proclamez sa gloire, éternellement.

(cf. Dn 3, 58)

Prière

Seigneur Dieu, dans ton admirable providence, tu envoies tes saints anges pour nous garder ; accorde à ceux qui te prient le bienfait de leur constante protection et la joie de vivre en leur compagnie pour toujours. Par Jésus… ***– Amen.***

Lectures propres à la mémoire des saints anges gardiens.

Lecture

du livre de l'Exode (23, 20-23a)

« Je vais envoyer un ange devant toi »

Ainsi parle le Seigneur : « Je vais envoyer un ange devant toi pour te garder en chemin et te faire parvenir au lieu que je t'ai préparé. Respecte sa présence, écoute sa voix. Ne lui résiste pas : il ne te pardonnerait pas ta révolte, car mon nom est en lui. Mais si tu écoutes parfaitement sa voix, si tu fais tout ce que je dirai, je serai l'ennemi de tes ennemis, et l'adversaire de tes adversaires. Mon ange marchera devant toi. » – Parole du Seigneur.

Psaume 90 (91)

℟ ***Le Seigneur donne mission à ses anges de te garder sur tous tes chemins.***

Quand je me tiens sous l'abri du Très-Haut
et repose à l'ombre du Puissant,
je dis au Seigneur : « Mon refuge,
mon rempart, mon Dieu, dont je suis sûr ! » ℟

C'est lui qui te sauve des filets du chasseur
et de la peste maléfique ;
il te couvre et te protège.
Tu trouves sous son aile un refuge :
sa fidélité est une armure, un bouclier. ℟

Tu ne craindras ni les terreurs de la nuit,
ni la flèche qui vole au grand jour,
ni la peste qui rôde dans le noir,
ni le fléau qui frappe à midi. ℟

Le malheur ne pourra te toucher,
ni le danger, approcher de ta demeure :
il donne mission à ses anges
de te garder sur tous tes chemins. ℟

Acclamation de l'Évangile

Alléluia. Alléluia. Tous les anges du Seigneur, bénissez le Seigneur : à lui, haute gloire, louange éternelle ! ***Alléluia.***

Évangile de Jésus Christ

selon saint Matthieu (18, 1-5.10)

« Leurs anges dans les cieux voient sans cesse la face de mon Père qui est aux cieux »

À ce moment là, les disciples s'approchèrent de Jésus et lui dirent : « Qui donc est le plus grand dans le royaume des Cieux ? » Alors Jésus appela un petit enfant ; il le plaça au milieu d'eux, et il déclara :

« Amen, je vous le dis : si vous ne changez pas pour devenir comme les enfants, vous n'entrerez pas dans le royaume des Cieux. Mais celui qui se fera petit comme cet enfant, celui-là est le plus grand dans le royaume des Cieux. Et celui qui accueille un enfant comme celui-ci en mon nom, il m'accueille, moi. Gardez-vous de mépriser un seul de ces petits, car, je vous le dis, leurs anges dans les cieux voient sans cesse la face de mon Père qui est aux cieux. »

Prière sur les offrandes

Accepte, Seigneur, les offrandes que nous t'apportons en l'honneur de tes saints anges ; permets qu'ils veillent sans cesse à nos côtés, afin que nous échappions aux dangers du présent et parvenions au bonheur de la vie éternelle. Par le Christ, notre Seigneur. ***— Amen.***

Prière eucharistique (Préface des anges)

Vraiment, il est juste et bon, pour ta gloire et notre salut, de t'offrir notre action de grâce, toujours et en tout lieu, Seigneur, Père très saint, Dieu éternel et tout-puissant. Oui, il est bon de te chanter pour les archanges et les anges, car c'est ta perfection et ta gloire que rejoint notre louange lorsqu'elle honore ces créatures spirituelles, et leur splendeur manifeste combien tu es grand et surpasses tous les êtres, par le Christ, notre Seigneur. Par lui, la multitude des anges célèbre ta grandeur : dans l'allégresse d'une même adoration, laisse-nous joindre nos voix à leur louange, pour chanter et proclamer : ***Saint ! Saint ! Saint...***

Antienne de la communion

Je te chante, mon Dieu,
en présence des anges.
(cf. Ps 137, 1)

Prière après la communion

Dans cet incomparable sacrement, tu nous as nourris, Seigneur, pour la vie éternelle ; guide-nous, par le secours des anges, sur le chemin du salut et de la paix. Par le Christ, notre Seigneur.
— Amen.

INVITATION

Les anges gardiens sont les envoyés de Dieu qui assurent auprès de nous une présence fraternelle. Et si je prenais soin de quelqu'un qui a besoin d'être protégé, consolé, encouragé ?

COMMENTAIRE

Une question de taille Exode 23, 20-23a ; Matthieu 18, 1-5.10

Prendre soin de tout enfant et de l'enfant qui est en nous. Être gardiens de l'enfance, être une maison sûre pour l'accueillir. Nous en avons besoin pour ne pas désespérer, ne pas être blasés, ne pas prendre les choses de haut. « Qui donc est le plus grand ? » La toise du Royaume est donnée : elle est à la mesure d'un enfant. Si nous cherchons plus haut, nous allons nous cogner la tête, il sera difficile d'y entrer ! ■

***Colette Hamza,** xavière*

VENDREDI 3 OCTOBRE 2025

26E SEMAINE DU TEMPS ORDINAIRE COULEUR LITURGIQUE : VERT

Temps ordinaire, *suggestion d'oraisons et d'antiennes n° 25*

Antienne d'ouverture

Je suis le salut de mon peuple, dit le Seigneur,
dans toutes les épreuves, s'il crie vers moi, je l'exaucerai ;
je serai son Seigneur pour toujours.

Prière

Seigneur Dieu, tu as voulu que toute la loi de sainteté consiste à t'aimer et à aimer son prochain : donne-nous de garder tes commandements, et de parvenir ainsi à la vie éternelle. Par Jésus… ***— Amen.***

Lecture

du livre du prophète Baruc (1, 15-22)

« Nous avons péché contre le Seigneur, nous lui avons désobéi »

Au Seigneur notre Dieu appartient la justice, mais à nous la honte sur le visage comme on le voit aujourd'hui : honte pour l'homme de Juda et les habitants de Jérusalem, pour nos rois et nos chefs, pour nos prêtres, nos prophètes et nos pères ; oui, nous avons péché contre le Seigneur, nous lui avons désobéi, nous n'avons pas écouté la voix du Seigneur notre Dieu, qui nous disait de suivre les préceptes que le Seigneur nous avait mis sous les yeux. Depuis le jour où le Seigneur a fait

sortir nos pères du pays d'Égypte jusqu'à ce jour, nous n'avons pas cessé de désobéir au Seigneur notre Dieu; dans notre légèreté, nous n'avons pas écouté sa voix. Aussi, comme on le voit aujourd'hui, le malheur s'est attaché à nous, avec la malédiction que le Seigneur avait fait prononcer par son serviteur Moïse, au jour où il a fait sortir nos pères du pays d'Égypte pour nous donner une terre ruisselant de lait et de miel. Nous n'avons pas écouté la voix* du Seigneur notre Dieu, à travers toutes les paroles des prophètes qu'il nous envoyait. Chacun de nous, selon la pensée de son cœur mauvais, est allé servir d'autres dieux et faire ce qui est mal aux yeux du Seigneur notre Dieu.
– Parole du Seigneur.

Psaume 78 (79)

℟ ***Pour la gloire de ton nom, Seigneur, délivre-nous !***

Dieu, les païens ont envah**i** ton domaine ;
ils ont souillé ton temple sacré
et mis Jérusal**e**m en ruines.
Ils ont livré les cadavres de tes serviteurs
en pâture aux rap**a**ces du ciel
et la chair de tes fidèles,
aux b**ê**tes de la terre. ℟

Ils ont versé le sang comme l'eau
aux alent**ou**rs de Jérusalem :
les morts rest**a**ient
sans sépulture.
Nous sommes la ris**é**e des voisins.
Combien de temps, Seigneur, durera ta colère
et brûlera le fe**u** de ta jalousie ? ℟

Ne retiens pas contre nous
les péchés de nos ancêtres :
que nous vienne bientôt ta tendresse,
car nous sommes à bout de force !

Aide-nous, Dieu
notre Sauveur !
Délivre-nous, efface nos fautes,
pour la cause de ton nom ! ℟

Acclamation de l'Évangile

Alléluia. Alléluia. Aujourd'hui, ne fermez pas votre cœur, mais écoutez la voix du Seigneur. ***Alléluia.***

Évangile de Jésus Christ

selon saint Luc (10, 13-16)

« Celui qui me rejette rejette celui qui m'a envoyé »

En ce temps-là, Jésus disait : « Malheureuse es-tu, Corazine ! Malheureuse es-tu, Bethsaïde ! Car, si les miracles qui ont eu lieu chez vous avaient eu lieu à Tyr et à Sidon, il y a longtemps que leurs habitants auraient fait pénitence, avec le sac et la cendre. D'ailleurs, Tyr et Sidon seront mieux traitées que vous lors du Jugement. Et toi, Capharnaüm, seras-tu élevée jusqu'au ciel ? Non, jusqu'au séjour des morts tu descendras !

« Celui qui vous écoute m'écoute ; celui qui vous rejette me rejette ; et celui qui me rejette rejette celui qui m'a envoyé. »

Prière sur les offrandes

Reçois favorablement, nous t'en prions, Seigneur, les dons présentés par ton peuple : que tous obtiennent par tes sacrements ce qu'ils proclament dans la ferveur de la foi. Par le Christ, notre Seigneur. **— *Amen.***

Antienne de la communion

Toi, tu promulgues des préceptes
à observer entièrement.
Puissent mes voies s'affermir
à observer tes commandements !
(Ps 118, 4-5)

OU

Je suis le bon pasteur, dit le Seigneur,
je connais mes brebis,
et mes brebis me connaissent.
(Jn 10, 14)

Prière après la communion

Dans ta bonté, Seigneur, fais que ton aide soutienne toujours ceux que tu as nourris de tes sacrements, afin qu'ils puissent, dans ces mystères et par toute leur vie, recueillir les fruits de la rédemption. Par le Christ, notre Seigneur. **— *Amen.***

INVITATION

En ce début de mois, je m'associe à la prière du Saint-Père *(lire p. 6)* pour une collaboration entre les différentes traditions religieuses.

COMMENTAIRE

Un cri à entendre

Luc 10, 13-16

Comme elles sont dures à entendre, les paroles de condamnation de Jésus pour les villes à la nuque raide ! Mais, face au refus de la conversion, on peut comprendre son impatience. En cette fin du temps consacré à la sauvegarde de la Création, réentendons cet appel. Malheureux sommes-nous qui n'entendons pas le cri de la terre et celui des pauvres ! Jusqu'à quand allons-nous écouter sans entendre l'urgence ? ■

Colette Hamza, xavière

✲ CLÉ DE LECTURE

« Nous n'avons pas écouté la voix »

Baruc 1, 19 *(p. 23)*

Cette longue prière pénitentielle est écrite par des Juifs de langue grecque dans les moments terribles où les rois grecs tentaient une hellénisation massive en faisant disparaître les traditions juives (167-164 av. J.-C.). Le texte de facture liturgique est une relecture de l'histoire d'Israël sous l'angle d'une théologie de la rétribution : les malheurs du peuple sont le fait de son infidélité au Dieu unique. Mais il ne faut pas s'en tenir là, car l'évocation de la sortie d'Égypte et de la promesse du Seigneur fonde à jamais l'espérance d'une renaissance et la certitude que Dieu écoute « le cri angoissé qui monte vers lui ». Dieu reste à l'écoute ; pour chacun alors, il devient possible de revenir vers lui pour écouter sa voix. ■

Roselyne Dupont-Roc, bibliste

SAMEDI 4 OCTOBRE 2025

26E SEMAINE DU TEMPS ORDINAIRE COULEUR LITURGIQUE : BLANC

1er - 4

Saint François d'Assise

1182-1226. À 25 ans, Francesco Bernardone fit la rencontre du Christ pauvre, libre et joyeux. Il rompit avec sa riche famille et se trouva bientôt l'inspirateur de très nombreux disciples.

Antienne d'ouverture

François, l'homme de Dieu, quitte sa maison, abandonne son héritage ; il se fait pauvre et sans ressource, mais le Seigneur l'accueille.

Prière

Seigneur Dieu, tu as donné à saint François d'Assise d'être configuré au Christ pauvre et humble ; accorde-nous la force d'emprunter les mêmes chemins pour suivre ton Fils et pour vivre unis à toi dans une joyeuse charité. Par Jésus…

— Amen.

Lecture

du livre du prophète Baruc (4, 5-12.27-29)

« Celui qui a fait venir sur vous ces calamités fera venir sur vous la joie éternelle »

Courage, mon peuple, toi qui es la part d'Israël réservée à Dieu ! Vous avez été vendus aux nations païennes, mais ce n'était pas pour votre anéantissement ; vous avez excité la colère de Dieu : c'est pour cela que vous avez été livrés à vos adversaires. Car vous avez irrité votre Créateur en offrant des sacrifices aux démons et non à Dieu. Vous avez oublié le Dieu éternel, lui qui vous a nourris. Vous avez aussi attristé Jérusalem, elle qui vous a élevés, car elle a vu fondre sur vous la colère qui

vient de Dieu, et elle a dit : « Écoutez, voisines de Sion, Dieu m'a infligé un deuil cruel. J'ai vu la captivité que l'Éternel* a infligée à mes fils et à mes filles. Je les avais élevés dans la joie, je les ai laissés partir dans les larmes et le deuil. Que nul ne se réjouisse de mon sort, à moi qui suis veuve et délaissée par tout le monde. J'ai été abandonnée à cause des péchés de mes enfants, parce qu'ils se sont détournés de la loi de Dieu. Courage, mes enfants, criez vers Dieu ! Celui qui vous a infligé l'épreuve se souviendra de vous. Votre pensée vous a égarés loin de Dieu ; une fois convertis, mettez dix fois plus d'ardeur à le chercher. Car celui qui a fait venir sur vous ces calamités fera venir sur vous la joie éternelle, en assurant votre salut. »

– Parole du Seigneur.

Psaume 68 (69)

℟ *Le Seigneur écoute les humbles.*

Les pauvres l'ont vu, ils sont en fête :
« Vie et joie, à vous qui cherchez Dieu ! »
Car le Seigneur écoute les humbles,
il n'oublie pas les siens emprisonnés.
Que le ciel et la terre le célèbrent,
les mers et tout leur peuplement ! ℟

Car Dieu viendra sauver Sion
et rebâtir les villes de Juda.
Il en fera une habitation, un héritage :
patrimoine pour les descendants
de ses serviteurs, demeure
pour ceux qui aiment son nom. ℟

Acclamation de l'Évangile

Alléluia. Alléluia. Tu es béni, Père, Seigneur du ciel et de la terre, tu as révélé aux tout-petits les mystères du Royaume ! ***Alléluia.***

Évangile de Jésus Christ

selon saint Luc (10, 17-24)

« Réjouissez-vous parce que vos noms se trouvent inscrits dans les cieux »

En ce temps-là, les 72 disciples que Jésus avait envoyés revinrent tout joyeux, en disant : « Seigneur, même les démons nous sont soumis en ton nom. » Jésus leur dit : « Je regardais Satan tomber du ciel comme l'éclair. Voici que je vous ai donné le pouvoir d'écraser serpents et scorpions, et sur toute la puissance de l'Ennemi : absolument rien ne pourra vous nuire. Toutefois, ne vous réjouissez pas parce que les esprits vous sont soumis ; mais réjouissez-vous parce que vos noms se trouvent inscrits dans les cieux. » À l'heure même, Jésus exulta de joie sous l'action de l'Esprit Saint, et il dit : « Père, Seigneur du ciel et de la terre, je proclame ta louange : ce que tu as caché aux sages et aux savants, tu l'as révélé aux tout-petits. Oui, Père, tu l'as voulu ainsi dans ta bienveillance. Tout m'a été remis par mon Père. Personne ne connaît qui est le Fils, sinon le Père ; et personne ne connaît qui est le Père, sinon le Fils et celui à qui le Fils veut le révéler. » Puis il se tourna vers ses disciples et leur dit en particulier : « Heureux les yeux qui voient ce que vous voyez ! Car, je vous le déclare : beaucoup de prophètes et de rois ont voulu voir ce que vous-mêmes voyez, et ne l'ont pas vu, entendre ce que vous entendez, et ne l'ont pas entendu. »

Prière sur les offrandes

En te présentant nos offrandes, Seigneur, nous t'adressons cette prière : dispose-nous à célébrer dignement le mystère de la croix auquel saint François s'attacha avec tant d'ardeur. Par le Christ, notre Seigneur. **— *Amen.***

Antienne de la communion

Heureux les pauvres de cœur,
car le royaume des Cieux est à eux !
(Mt 5, 3)

Prière après la communion

Par le sacrement que nous avons reçu, accorde-nous, Seigneur, d'imiter la charité de saint François et son ardeur apostolique, pour que nous goûtions les fruits de ton amour et les fassions abonder en vue du salut de tous. Par le Christ, notre Seigneur. **— *Amen.***

INVITATION

Le Temps pour la Création s'achève en cette fête de saint François.
Je peux reprendre son cantique pour louer le Créateur.

COMMENTAIRE

Une joie réorientée vers Dieu Luc 10, 17-24

Joie des disciples envoyés par Jésus, les esprits leur sont soumis. Nous pouvons nous réjouir des fruits de nos projets, de nos missions. Mais Jésus réoriente cette joie. Son objet n'est pas le pouvoir exercé dans la mission et une réussite qui nous appartiendrait, elle est orientée vers un sujet, celui qui en est la source. Joie d'inscrire nos vies, nos actes dans l'agir même de Dieu, qui est son cœur. ■

***Colette Hamza**, xavière*

❊ CLÉ DE LECTURE

« L'Éternel » Baruc 4, 10 *(p. 28)*

La finale du livre de Baruc est le seul lieu de la Bible où Dieu est dit simplement « l'Éternel ». Or, il s'agit de la grande plainte de Jérusalem qui évoque ses malheurs passés et présents et exhorte ses enfants à garder courage et à crier vers Dieu. Si l'histoire de Jérusalem reste une histoire de désastres et de relèvements, c'est qu'elle est la ville du Dieu éternel, du Dieu qui jamais n'abandonne son peuple ni sa création. Dieu se souvient, Dieu se souviendra. Aussi longtemps que les humains sauront crier vers Dieu, décupler leurs efforts pour le chercher, l'Éternel qui, toujours les attend, toujours les précède, saura les relever, leur donner une joie « éternelle » et faire de la Ville l'image inouïe du rassemblement des peuples dans la paix. ■

***Roselyne Dupont-Roc**, bibliste*

DIMANCHE 5 OCTOBRE 2025

27E DIMANCHE DU TEMPS ORDINAIRE

ANNÉE C – COULEUR LITURGIQUE : VERT

Les lectures de ce dimanche nous invitent à la foi. « Le juste vivra par sa fidélité », assure Habacuc. Paul, lui, nous invite à compter sur l'Esprit de Dieu, un Esprit « de force, d'amour et de pondération ». Et pour Jésus, la foi déplace les montagnes. Demandons à Dieu de faire grandir en nous la confiance en son amour et l'audace d'être témoins de l'Évangile.

RITES INITIAUX

Chant d'entrée *(Suggestions p. 234)*
(Suggestions p. 234)

OU

Antienne d'ouverture

Seigneur, tout est soumis à ta volonté, personne ne peut s'opposer à toi, car c'est toi qui as fait le ciel et la terre et toutes les merveilles qui sont sous le ciel. Tu es le Seigneur de l'univers. (Est 4, 17)

Suggestion de préparation pénitentielle *(ou p. 206)*

Frères et sœurs, en ce dimanche où le Christ nous appelle à une grande foi, préparons-nous à célébrer le mystère de l'eucharistie en reconnaissant notre péché.

Prends pitié de nous, Seigneur, toi notre Rocher, notre salut, tu conduis ton peuple sur des chemins de vie.

— Nous avons péché contre toi.

Montre-nous, ta miséricorde, ô Christ, toi qui nous envoies ton Esprit de force et d'audace, tu nous appelles à une foi confiante et audacieuse.

— Et donne-nous ton salut.

Que Dieu tout-puissant nous fasse miséricorde ; qu'il nous pardonne nos péchés et nous conduise à la vie éternelle. ***— Amen.***

Gloire à Dieu *(p. 208)*

Prière

Dieu éternel et tout-puissant, dans ta tendresse inépuisable, tu combles ceux qui t'implorent, bien au-delà de leurs mérites et de leurs désirs ; répands sur nous ta miséricorde en délivrant notre conscience de ce qui l'inquiète et en donnant plus que nous n'osons demander. Par Jésus… ***— Amen.***

LITURGIE DE LA PAROLE

Lecture du livre du prophète Habacuc (1, 2-3 ; 2, 2-4)

« Le juste vivra par sa fidélité »

Combien de temps, Seigneur, vais-je appeler, sans que tu entendes ? Crier vers toi : « Violence ! », sans que tu sauves ? Pourquoi me fais-tu voir le mal et regarder la misère ? Devant moi, pillage et violence ; dispute et discorde se déchaînent.
Alors le Seigneur me répondit : Tu vas mettre par écrit une vision, clairement, sur des tablettes, pour qu'on puisse la lire couramment. Car c'est encore une vision pour le temps fixé ; elle tendra vers son accomplissement, et ne décevra pas. Si elle paraît tarder, attends-la : elle viendra certainement, sans retard.
Celui qui est insolent n'a pas l'âme droite, mais le juste vivra par sa fidélité. – Parole du Seigneur.

Psaume 94 (95)

℟ ***Aujourd'hui, ne fermez pas votre cœur,***
mais écoutez la voix du Seigneur !

T. : AELF; M. : G. Previdi; Éd. : ADF.

Venez, crions de joie pour le Seigneur,
acclamons notre Rocher, notre salut !
Allons jusqu'à lui en rendant grâce,
par nos hymnes de fête acclamons-le ! ℟

Entrez, inclinez-vous, prosternez-vous,
adorons le Seigneur qui nous a faits.
Oui, il est notre Dieu ;
nous sommes le peuple qu'il conduit. ℟

Écoutez ce psaume sur www.prionseneglise.fr/messe-du-dimanche

℟ *Aujourd'hui, ne fermez pas votre cœur,*
mais écoutez la voix du Seigneur !

Aujourd'hui écouterez-vous sa parole ?
« Ne fermez pas votre cœur comme au désert,
où vos pères m'ont tenté et provoqué,
et pourtant ils avaient vu mon exploit. » ℟

Lecture de la deuxième lettre de saint Paul apôtre à Timothée (1, 6-8.13-14)

« N'aie pas honte de rendre témoignage à notre Seigneur »

Bien-aimé, je te le rappelle, ravive le don gratuit de Dieu, ce don qui est en toi depuis que je t'ai imposé les mains. Car ce n'est pas un esprit de peur que Dieu nous a donné, mais un esprit de force, d'amour et de pondération. N'aie donc pas honte de rendre témoignage à notre Seigneur, et n'aie pas honte de moi, qui suis son prisonnier ; mais, avec la force de Dieu, prends ta part des souffrances liées à l'annonce de l'Évangile. Tiens-toi au modèle donné par les paroles solides que tu m'as entendu prononcer dans la foi et dans l'amour qui est dans le Christ Jésus. Garde le dépôt de la foi dans toute sa beauté, avec l'aide de l'Esprit Saint qui habite en nous.

– Parole du Seigneur.

Acclamation de l'Évangile

Alléluia. Alléluia. La parole du Seigneur demeure pour toujours ; c'est la Bonne Nouvelle qui vous a été annoncée. ***Alléluia.***

U 76-99 ; T. : AELF ; M. : P. Robert ; ADF-Musique.

Évangile de Jésus Christ selon saint Luc (17, 5-10)

« Si vous aviez de la foi ! »

En ce temps-là, les Apôtres dirent au Seigneur : « Augmente en nous la foi ! » Le Seigneur répondit : « Si vous aviez de la foi, gros comme une graine de moutarde, vous auriez dit à l'arbre que voici : "Déracine-toi et va te planter dans la mer", et il vous aurait obéi. Lequel d'entre vous, quand son serviteur aura labouré ou gardé les bêtes, lui dira à son retour des champs : "Viens vite prendre place à table" ? Ne lui dira-t-il pas plutôt : "Prépare-moi

à dîner, mets-toi en tenue pour me servir, le temps que je mange et boive. Ensuite tu mangeras et boiras à ton tour" ? Va-t-il être reconnaissant envers ce serviteur d'avoir exécuté ses ordres ? De même vous aussi, quand vous aurez exécuté tout ce qui vous a été ordonné, dites : "Nous sommes de simples serviteurs : nous n'avons fait que notre devoir." »

Homélie

Profession de foi (p. 209)

Suggestion de prière universelle

Le prêtre :

« Si vous aviez la foi, gros comme une graine de moutarde… » Avec confiance, tournons-nous vers Dieu notre Père.

℟ ***Notre Père et notre Dieu, nous te prions.***

Y 55-231-12, ADF © Studio SM; T. : et M. : M. Scouarnec.

Le diacre ou un lecteur :

C'est aujourd'hui la Journée mondiale du migrant et du réfugié. Prions pour tous les migrants qui tentent de trouver une vie digne dans leur pays d'accueil. Prions aussi pour les associations qui travaillent à leur intégration. ℟

Ce week-end a lieu à Rome le jubilé du monde missionnaire. Prions pour les chrétiens qui annoncent la Bonne Nouvelle aux quatre coins de la terre. Prions aussi pour celles et ceux qui se battent pour un monde plus juste et plus fraternel. ℟

Cette semaine se tient à Rome le jubilé de la vie consacrée. Prions pour les personnes qui ont donné toute leur vie au Seigneur. Prions aussi pour les jeunes qui se posent la question de leur vocation. ℟

La foi donne des ailes. Prions pour tous les membres de notre assemblée, invités à garder le dépôt de la foi dans toute sa beauté. Prions particulièrement pour ceux qui se préparent à vivre un sacrement. ℟

(Ces intentions seront adaptées ou modifiées selon les circonstances. On peut aussi s'inspirer de l'intention universelle du Saint-Père, p. 6.)

Le prêtre :

Dieu notre Père, tu nous invites à une grande foi. Daigne écouter nos prières et viens les exaucer, par le Christ, notre Seigneur. **— *Amen.***

LITURGIE EUCHARISTIQUE

Prière sur les offrandes

Accueille, Seigneur, nous t'en prions, le sacrifice que tu as toi-même institué : dans les saints mystères que nous célébrons pour te servir comme il convient, sanctifie-nous pleinement par ton œuvre de rédemption. Par le Christ, notre Seigneur. ***— Amen.***

Prière eucharistique *(Préface des dimanches, p. 212)*

Chant de communion *(Suggestions p. 234)*

OU

Antienne de la communion

Le Seigneur est bon pour qui se tourne vers lui,
pour l'âme qui le cherche. (Lm 3, 25)

OU

Il y a un seul pain, et la multitude que nous sommes est un seul corps,
car nous avons tous part à un seul pain et à une seule coupe.
(cf. 1 Co 10, 17)

Prière après la communion

Dieu tout-puissant, nous t'en prions : par la communion à ce sacrement, comble notre soif et notre faim de toi; afin que nous puissions devenir ce que nous avons reçu. Par le Christ, notre Seigneur. ***— Amen.***

RITE DE CONCLUSION

Bénédiction et envoi

COMMENTAIRE DU DIMANCHE

Luc Forestier, prêtre à La Madeleine (diocèse de Lille)

La tenue de service

Hier, nous avons fêté saint François d'Assise, dont on pense qu'il a été ordonné diacre. Et, aujourd'hui, trois éléments convergent encore vers ce ministère de diacre. L'évangile mentionne ces « simples » serviteurs, mis à la disposition du Maître et envoyés au moment où ce dernier l'aura décidé. Paul rappelle à Timothée qu'il lui a imposé les mains et l'invite à témoigner. Habacuc souligne enfin l'importance d'un ministère prophétique qui discerne les signes du Royaume.

Inséparables du ministère des évêques, des prêtres ainsi que des femmes et des hommes en responsabilité dans l'Église, les diacres ont été ordonnés pour le service de la Parole, de la liturgie et de la charité, après que l'Église s'est assurée du libre accord de l'épouse, pour ceux qui sont mariés. Depuis Vatican II, ce sont •••

••• des milliers de femmes et d'hommes qui se sont ainsi engagés dans cette aventure du diaconat, et nous pouvons les remercier pour leur disponibilité.
Aidés par le ministère de ces diacres, soutenus par l'engagement de leur épouse pour ceux qui sont mariés, nous pouvons reprendre à notre compte la supplication apostolique, « augmente en nous la foi ». Cette prière est d'autant plus pressante que l'image choisie par Jésus a de quoi surprendre : un arbre planté en pleine mer ! Cette curiosité botanique s'éclaire à la lumière du ministère diaconal, fait de proximité, d'annonce et d'envoi. Les diacres invitent les chrétiens à vivre leur foi en plein monde liquide, mais toujours enracinés dans la liturgie et dans le service.

En priant pour les vocations diaconales,
quelles sont les personnes auxquelles je vais penser ?
« Augmente en ous la foi. » Comment cette phrase
résonne-t-elle pour moi aujourd'hui ? ■

Prions en Église
junior

LIRE L'ÉVANGILE AVEC LES ENFANTS

CE QUE JE DÉCOUVRE

Notre foi ressemble à une plante que Dieu
aurait plantée dans la terre de notre cœur.
En bon jardinier, il sait bien
qu'elle ne va pas pousser d'un coup.
Pour grandir, la foi a besoin de son amour...
comme la plante a besoin d'eau et de lumière.
**Pour grandir, la foi a aussi besoin
que nous en prenions soin : en priant
et en nous mettant au service des autres.**

CE QUE JE VIS

Comment montres-tu ton amour
à ceux que tu aimes ?
Par des actions ? Avec des paroles ?
Ou bien d'autres façons ?
**Demande à Jésus de t'éclairer pour repérer les gestes
qui sont les signes de ta foi pour lui.**

Texte : Patricia Metzger. Illustrations : Marcelino Truong

MÉDITATION BIBLIQUE

27E DIMANCHE DU TEMPS ORDINAIRE

Livre du prophète Habacuc 1, 2-3; 2, 2-4

Une parole à accueillir dans l'inconfort

Le prophète Habacuc nous invite à penser l'écart qui nous sépare de la sérénité à nouveaux frais et à habiter nos insatisfactions autrement.

Le temps de la préparation

« Celui qui est insolent n'a pas l'âme droite, mais le juste vivra par sa fidélité. » (Ha 2, 4)

Le temps de l'observation

Le prophète fait le récit de l'écart qui nous sépare de Dieu dans notre compréhension du monde. Le juste constate que le monde va mal, que la violence et la méchanceté existent et qu'il se retrouve impuissant. Il ne peut changer ce qu'il voit et l'incompréhension du fait que Dieu ne fasse rien rajoute de la souffrance à la douleur. Dieu constate cet écart et propose au juste de s'asseoir et d'écrire une vision qui devra s'accomplir le moment venu. Bizarrement, Dieu semble rajouter de l'écart à l'écart. Face à l'incompréhension qui assaille le juste, Dieu lui demande d'être en capacité d'accueillir la distance qui le sépare de la paix ou de la sérénité. Au lieu de combler le manque, Dieu le creuse. Il demande au juste de ne pas se résigner et de ne pas perdre pied. La vision de ce qui doit s'accomplir permettra au juste de voir plus loin que ce qu'il constate. Elle fonctionne comme une flèche lancée loin devant pour indiquer le chemin.

Le temps de la méditation

Ce texte raconte nos écarts. Nous aussi sommes confrontés à des situations insatisfaisantes voire douloureuses, situations d'injustice ou de misère. Le risque est de désespérer de l'humain, puis de Dieu. La parole prophétique est une réponse à ces moments de profonds inconforts. Que serait une réalité accomplie ? Comment devrait être la situation si elle était normale ? Prendre conscience de ce qui devrait être aide à retrouver une clarté, une boussole, une direction. Cela permet aussi de ne pas cautionner ce qui se passe, de ne pas se laisser influencer ou corrompre. Dieu appelle le juste à habiter l'écart sans jamais oublier que le mal ou la misère ne sont pas acceptables. En assumant cette tension, il permet à d'autres de percevoir l'inacceptable et de participer à tout ce que Dieu fait pour, à sa façon, changer les choses. Le prophète montre que les fins dernières concernent d'abord notre monde et sa réalité.

Le temps de la prière

« Venez, crions de joie pour le Seigneur, acclamons notre Rocher, notre salut ! Allons jusqu'à lui en rendant grâce, par nos hymnes de fête acclamons-le ! » (Ps 94, 1-2) ■

Marie-Laure Durand, bibliste

LE SAINT DU MOIS

7 OCTOBRE : BIENHEUREUX JOSEPH TONIOLO (1845-1918)

Un professeur bienheureux

L'élection du pape Léon XIV en mai 2025 a remis au premier plan l'un de ses devanciers, le pape Léon XIII, surtout connu pour son encyclique *Rerum novarum* (1891). Parmi les inspirateurs et les promoteurs de ce texte marquant qui fixa les bases de la Doctrine sociale de l'Église, figure le bienheureux Joseph (Giuseppe) Toniolo. Né en 1845 à Trévise (au nord de Venise), ce dernier effectua d'abord des études de droit, avant de se consacrer à l'enseignement et à la recherche en économie et en sociologie, essentiellement à l'université de Pise. La révolution industrielle avait déstabilisé la société, fragilisé toute une partie de la population et creusé les inégalités. Rejetant tant le libéralisme que le socialisme, le professeur Toniolo s'attacha dans ses travaux à définir une troisième voie, une voie chrétienne, caractérisée par le « souci de l'éthique » et « le devoir de la solidarité humaine ». Pour Joseph Toniolo, l'économie se devait d'être au service de l'homme, et non l'inverse.

L'universitaire souhaitait que ses idées, imprégnées de l'Évangile et du magistère papal, se répandent dans la société. Lui-même y contribua en fondant des associations de laïcs catholiques, en organisant les Semaines sociales italiennes, en ayant l'idée d'une nouvelle université…

Mais si l'Église a distingué la personnalité et le parcours de Joseph

Toniolo, ce n'est pas seulement parce qu'il fut un apôtre résolu de la Doctrine sociale catholique. C'est surtout parce qu'il parvint à concilier les trois dimensions essentielles de son existence : une foi intense (prière et messe quotidiennes, confession hebdomadaire, retraite annuelle, direction spirituelle), une vie de famille harmonieuse (il était marié et père de sept enfants) et, comme on l'a vu, des engagements professionnels nombreux.

Ce faisant, Joseph Toniolo (béatifié le 29 avril 2012) a incarné un parfait modèle de sainteté laïque. ■

Xavier Lecœur, journaliste et historien

UN SAINT POUR AUJOURD'HUI

À la fin du XIXe siècle, un anticléricalisme virulent régnait dans les universités en Italie. Enraciné dans la foi, le bienheureux Joseph Toniolo sut y répondre avec calme et courage. Il nous incite à faire de même, lorsque nous sommes confrontés à des situations analogues.

LUNDI 6 OCTOBRE 2025

27E SEMAINE DU TEMPS ORDINAIRE COULEUR LITURGIQUE : VERT

Temps ordinaire, *suggestion d'oraisons et d'antiennes n° 26*
ou **saint Bruno,** *voir p. 54*

Antienne d'ouverture

Tout ce que tu nous as infligé, Seigneur, tu l'as fait par un jugement de vérité, car nous avons péché contre toi, nous n'avons pas obéi à tes commandements ; mais glorifie ton nom, et agis envers nous selon l'abondance de ta miséricorde. (cf. Dn 3, 31.29.30.43.42)

Prière

Seigneur Dieu, quand tu pardonnes et prends pitié, tu manifestes au plus haut point ta toute-puissance ; multiplie pour nous les dons de ta grâce : alors, en nous hâtant vers les biens que tu promets, nous aurons part au bonheur du ciel. Par Jésus… — ***Amen.***

Lecture

du livre du prophète Jonas (1, 1 – 2, 1.11)

« Jonas se leva, mais pour s'enfuir loin de la face du Seigneur »

La parole du Seigneur fut adressée à Jonas, fils d'Amittaï : « Lève-toi, va à Ninive, la grande ville païenne, et proclame que sa méchanceté est montée jusqu'à moi. » Jonas se leva, mais pour s'enfuir à Tarsis, loin de la face du Seigneur. Descendu à Jaffa, il trouva un navire en partance pour Tarsis. Il paya son passage et s'embarqua pour s'y rendre, loin de la face du Seigneur.

Mais le Seigneur lança sur la mer un vent violent, et il s'éleva une grande tempête, au point que le navire menaçait de se briser. Les matelots prirent peur ; ils crièrent chacun vers son dieu et, pour s'alléger, lancèrent la cargaison à la mer. Or, Jonas était descendu dans la cale du navire, il s'était couché et dormait d'un sommeil mystérieux. Le capitaine alla le trouver et lui dit : « Qu'est-ce que tu fais ? Tu dors ? Lève-toi ! Invoque ton dieu*. Peut-être que ce dieu s'occupera de nous pour nous empêcher de périr. » Et les matelots se disaient entre eux : « Tirons au sort pour savoir à qui nous devons ce malheur. » Ils tirèrent au sort, et le sort tomba sur Jonas. Ils lui demandèrent : « Dis-nous donc d'où nous vient ce malheur. Quel est ton métier ? D'où viens-tu ? Quel est ton pays ? De quel peuple es-tu ? » Jonas leur répondit : « Je suis hébreu, moi, je crains le Seigneur, le Dieu du ciel, qui a fait la mer et la terre ferme. » Les matelots furent saisis d'une grande peur et lui dirent : « Qu'est-ce que tu as fait là ? » Car ces hommes savaient, d'après ce qu'il leur avait dit, qu'il fuyait la face du Seigneur.

Ils lui demandèrent : « Qu'est-ce que nous devons faire de toi, pour que la mer se calme autour de nous ? » Car la mer était de plus en plus furieuse. Il leur répondit : « Prenez-moi, jetez-moi à la mer, pour que la mer se calme autour de vous. Car, je le reconnais, c'est à cause de moi que cette grande tempête vous assaille. » Les matelots ramèrent pour regagner la terre, mais sans y parvenir, car la mer était de plus en plus furieuse autour d'eux. Ils invoquèrent alors le Seigneur : « Ah ! Seigneur, ne nous fais pas mourir à cause de cet homme, et ne nous rends pas responsables de la mort d'un innocent, car toi, tu es le Seigneur : ce que tu as voulu, tu l'as fait. » Puis ils

prirent Jonas et le jetèrent à la mer. Alors la fureur de la mer tomba. Les hommes furent saisis par la crainte du Seigneur ; ils lui offrirent un sacrifice accompagné de vœux. Le Seigneur donna l'ordre à un grand poisson d'engloutir Jonas. Jonas demeura dans les entrailles du poisson trois jours et trois nuits. Alors le Seigneur parla au poisson, et celui-ci rejeta Jonas sur la terre ferme.
– Parole du Seigneur.

Cantique Jonas 2, 3, 4, 5, 8

℟ ***Tu retires ma vie de la fosse, Seigneur mon Dieu.***

Dans ma détresse, je crie vers le Seigneur,
et lui me répond ;
du ventre des enfers j'appelle :
tu écoutes ma voix. ℟

Tu m'as jeté au plus profond du cœur des mers,
et le flot m'a cerné ;
tes ondes et tes vagues ensemble
ont passé sur moi. ℟

Et je dis : me voici rejeté
de devant tes yeux ;
pourrai-je revoir encore
ton temple saint ? ℟

Quand mon âme en moi défaillait,
je me souvins du Seigneur ;
et ma prière parvint jusqu'à toi
dans ton temple saint. ℟

Acclamation de l'Évangile

Alléluia. Alléluia. Je vous donne un commandement nouveau, dit le Seigneur : « Aimez-vous les uns les autres, comme je vous ai aimés. » ***Alléluia.***

Évangile de Jésus Christ

selon saint Luc (10, 25-37)

« Qui est mon prochain ? »

En ce temps-là, voici qu'un docteur de la Loi se leva et mit Jésus à l'épreuve en disant : « Maître, que dois-je faire pour avoir en héritage la vie éternelle ? » Jésus lui demanda : « Dans la Loi, qu'y a-t-il d'écrit ? Et comment lis-tu ? » L'autre répondit : « *Tu aimeras le Seigneur ton Dieu de tout ton cœur, de toute ton âme, de toute ta force et de toute ton intelligence, et ton prochain comme toi-même.* » Jésus lui dit : « Tu as répondu correctement. Fais ainsi et tu vivras. »

Mais lui, voulant se justifier, dit à Jésus : « Et qui est mon prochain ? » Jésus reprit la parole : « Un homme descendait de Jérusalem à Jéricho, et il tomba sur des bandits ; ceux-ci, après l'avoir dépouillé et roué de coups, s'en allèrent, le laissant à moitié mort. Par hasard, un prêtre descendait par ce chemin ; il le vit et passa de l'autre côté. De même un lévite arriva à cet endroit ; il le vit et passa de l'autre côté. Mais un Samaritain, qui était en route, arriva près de lui ; il le vit et fut saisi de compassion. Il s'approcha, et pansa ses blessures en y versant de l'huile et du vin ; puis il le chargea sur sa propre monture, le conduisit dans une auberge et prit soin de lui. Le lendemain, il sortit deux pièces d'argent, et les donna à l'aubergiste, en lui disant : "Prends soin de lui ; tout ce que tu auras dépensé en plus, je te le rendrai quand je repasserai." Lequel des trois, à ton avis, a été le prochain de l'homme tombé aux mains des bandits ? » Le docteur de la Loi répondit : « Celui qui a fait preuve de pitié envers lui. » Jésus lui dit : « Va, et toi aussi, fais de même. »

Prière sur les offrandes

Dieu de miséricorde, nous t'en prions, accueille cette offrande que nous te présentons : qu'elle ouvre largement pour nous la source de toute bénédiction. Par le Christ, notre Seigneur. — ***Amen.***

Antienne de la communion

Rappelle-toi ta parole à ton serviteur,
Seigneur, celle dont tu fis mon espoir.
Elle est ma consolation
dans mon épreuve.
(Ps 118, 49-50)
OU
Voici comment nous avons reconnu l'amour : lui, Jésus, a donné sa vie pour nous. Nous aussi, nous devons donner notre vie pour nos frères.
(1 Jn 3, 16)

Prière après la communion

Que le sacrement du ciel, Seigneur, guérisse nos esprits et nos corps, afin qu'annonçant la mort du Christ et participant à ses souffrances, nous héritions avec lui de sa gloire. Lui qui…
— ***Amen.***

INVITATION

Aujourd'hui, je peux prier pour les Chartreux, dont l'ordre a été fondé par saint Bruno. Je peux aussi méditer devant les tableaux de la légende de saint Bruno par Le Sueur, au Louvre ou sur le site internet du musée.

COMMENTAIRE

Une compassion en acte

Luc 10, 25-37

Le prochain de l'homme tombé aux mains des bandits est celui qui a « fait preuve de pitié ». La compassion, ici, n'est pas subjective : les deux autres voyageurs ont certainement été touchés aussi mais, à cause de cela, ils sont passés de l'autre côté. Le Samaritain, lui, s'approche. Par le soin du corps et l'hospitalité, la mobilisation de son temps, de sa sueur, de son argent et de l'aubergiste, il montre une compassion en acte. ■

***Nicolas Tarralle**, prêtre assomptionniste*

❊ CLÉ DE LECTURE

« Invoque ton dieu »

Jonas 1, 12 *(p. 49)*

Classée parmi les petits prophètes, l'histoire de Jonas relève du conte merveilleux. Mais la leçon s'adresse à tous ceux qui croient savoir comment Dieu juge les humains et ne supportent pas que ceux qu'ils condamnent puissent leur révéler un autre visage de ce Dieu. Or, le prophète devra se mettre à l'école de ces gens qui ne connaissent pas son Dieu. Plus justes que Jonas qui fuit, les marins le renvoient à l'écoute et au service de celui qu'ils perçoivent à peine : « Invoque ton dieu. Peut-être que ce dieu s'occupera de nous. » Ainsi, grâce à la confiance spontanée et ignorante de ces idolâtres, Jonas découvrira difficilement les voies inattendues de Dieu ; son Esprit est offert à tous : comment pourrions-nous lui attribuer nos jugements étroits ? ■

***Roselyne Dupont-Roc**, bibliste*

Saint Bruno

Couleur liturgique : blanc

1036-1101. Né à Cologne, il enseigna la théologie à Reims, puis se retira avec quelques compagnons à la Grande-Chartreuse (Isère), berceau de l'ordre des Chartreux.

Antienne d'ouverture

Là où des frères, tous ensemble,
glorifient Dieu,
le Seigneur donnera
sa bénédiction.

Prière

Seigneur Dieu, toi qui as appelé saint Bruno à te servir dans la solitude, accorde-nous, à son intercession, de savoir rester libres pour toi au milieu des changements de ce monde. Par Jésus… ***— Amen.***

Prière sur les offrandes

Reçois, nous t'en prions, Seigneur, le sacrifice offert pour le salut de ton peuple : qu'il nous obtienne, par l'intercession de saint Bruno, d'éviter les séductions du péché et de nous rapprocher de la vie du ciel. Par le Christ, notre Seigneur. ***— Amen.***

Antienne de la communion

Ceux qui ont entendu la Parole
dans un cœur bon et généreux,
portent du fruit par leur persévérance.
(cf. Lc 8, 15)

OU

Heureux les habitants de ta maison,
Seigneur : ils pourront te chanter
à jamais. (cf. Ps 83, 5)

Prière après la communion

Nous t'en prions, Seigneur notre Dieu, forts du soutien de saint Bruno, puissions-nous garder un juste équilibre de vie grâce au sacrement que nous offre ta sagesse. Par le Christ, notre Seigneur. ***— Amen.***

MARDI 7 OCTOBRE 2025

COULEUR LITURGIQUE : BLANC

Bienheureuse Vierge Marie du Rosaire

Cette fête rappelle que la récitation du Rosaire, centrée sur les mystères de Jésus et de Marie, met la contemplation à la portée du peuple chrétien.

5 - 11

Antienne d'ouverture

Je te salue, Marie, comblée de grâce, le Seigneur est avec toi : tu es bénie entre toutes les femmes, et le fruit de tes entrailles est béni. (cf. Lc 1, 28.42)

Prière

Nous te prions, Seigneur, de répandre ta grâce en nos cœurs ; par le message de l'ange, tu nous as fait connaître l'incarnation de ton Fils bien-aimé ; conduis-nous par sa passion et par sa croix, avec le secours de la bienheureuse Vierge Marie, jusqu'à la gloire de la résurrection. Par Jésus… ***– Amen.***

Lectures propres à la mémoire de la bienheureuse Vierge Marie du Rosaire.

Lecture

du livre des Actes des Apôtres (1, 12-14)

« Tous, d'un même cœur, étaient assidus à la prière, avec Marie la mère de Jésus »

Les Apôtres, après avoir vu Jésus s'en aller vers le ciel, retournèrent à Jérusalem depuis le lieu-dit « mont des Oliviers » qui en est proche, – la distance de marche ne dépasse pas ce qui est permis le jour du sabbat. À leur arrivée, ils montèrent dans la chambre haute où ils se tenaient habituellement ; c'était Pierre, Jean, Jacques

et André, Philippe et Thomas, Barthélemy et Matthieu, Jacques fils d'Alphée, Simon le Zélote, et Jude fils de Jacques. Tous, d'un même cœur, étaient assidus à la prière, avec des femmes, avec Marie la mère de Jésus, et avec ses frères*.
– Parole du Seigneur.

Cantique Luc 1, 46b-47, 48-49, 50-51, 52-53, 54-55

℟ ***Le Puissant fit pour moi des merveilles; Saint est son nom !***

OU

Heureuse Vierge Marie qui portas en toi le Fils du Père éternel !

Mon âme exalte le Seigneur,
exulte mon esprit en Dieu mon Sauveur ! ℟

Il s'est penché sur son humble servante ;
désormais, tous les âges
me diront bienheureuse.
Le Puissant fit pour moi des merveilles ;
Saint est son nom ! ℟

Sa miséricorde s'étend d'âge en âge
sur ceux qui le craignent.
Déployant la force de son bras,
il disperse les superbes. ℟

Il renverse les puissants de leurs trônes,
il élève les humbles.
Il comble de biens les affamés,
renvoie les riches les mains vides. ℟

Il relève Israël son serviteur,
il se souvient de son amour,
de la promesse faite à nos pères,
en faveur d'Abraham
et de sa descendance à jamais. ℟

Acclamation de l'Évangile

Alléluia. Alléluia. Je te salue, Marie, Comblée de grâce : le Seigneur est avec toi, tu es bénie entre les femmes. ***Alléluia.***

Évangile de Jésus Christ

selon saint Luc (1, 26-38)

« Voici que tu vas concevoir et enfanter un fils »

En ce temps-là, l'ange Gabriel fut envoyé par Dieu dans une ville de Galilée, appelée Nazareth, à une jeune fille vierge, accordée en mariage à un homme de la maison de David, appelé Joseph ; et le nom de la jeune fille était Marie. L'ange entra chez elle et dit : « Je te salue, Comblée-de-grâce, le Seigneur est avec toi. » À cette parole, elle fut toute bouleversée, et elle se demandait ce que pouvait signifier cette salutation. L'ange lui dit alors : « Sois sans crainte, Marie, car tu as trouvé grâce auprès de Dieu. Voici que tu vas concevoir et enfanter un fils ; tu lui donneras le nom de Jésus. Il sera grand, il sera appelé Fils du Très-Haut ; le Seigneur Dieu lui donnera le trône de David son père ; il régnera pour toujours sur la maison de Jacob, et son règne n'aura pas de fin. » Marie dit à l'ange : « Comment cela va-t-il se faire, puisque je ne connais pas d'homme ? » L'ange lui répondit : « L'Esprit Saint viendra sur toi, et la puissance du Très-Haut te prendra sous son ombre ; c'est pourquoi celui qui va naître sera saint, il sera appelé Fils de Dieu. Or voici que, dans sa vieillesse, Élisabeth, ta parente, a conçu, elle aussi, un fils et en est à son sixième mois, alors qu'on l'appelait la femme stérile. Car rien n'est impossible à Dieu. » Marie dit alors : « Voici la servante du Seigneur ; que tout m'advienne selon ta parole. » Alors l'ange la quitta.

Prière sur les offrandes

Nous te le demandons, Seigneur : fais que nous soyons accordés à cette offrande, et qu'en célébrant les mystères de ton Fils unique, nous soyons rendus dignes de ses promesses. Lui qui… — ***Amen.***

Préface de la Vierge Marie, p. 214.

Antienne de la communion

Voici que tu vas concevoir
et enfanter un fils ;
tu lui donneras le nom de Jésus.
(Lc 1, 31)

Prière après la communion

Nous t'en prions, Seigneur notre Dieu, nous qui annonçons dans ce sacrement la mort et la résurrection de ton Fils : puisque nous prenons part à ses souffrances, donne-nous de trouver le réconfort et de partager sa gloire. Lui qui… — ***Amen.***

INVITATION

En cette fête de Notre-Dame du Rosaire, je peux prier le chapelet en suivant le direct à 15 h 30 depuis la grotte de Lourdes sur le site du sanctuaire ou dans les médias catholiques.

COMMENTAIRE

Nouveau départ Actes 1, 12-14

Témoins que le Ressuscité a rejoint son Père, les onze Apôtres se mettent en prière dans l'attente de l'Esprit qui leur est promis. Ils ne sont plus enfermés sur eux-mêmes puisque quelques femmes et les frères de Jésus les accompagnent. D'ailleurs, Matthias va bientôt les rejoindre. Marie vient éclairer ce nouveau départ : elle semble présider à l'unanimité de la prière de l'Église naissante. Le Rosaire en est tout illuminé. ■

Nicolas Tarralle, prêtre assomptionniste

CLÉ DE LECTURE

« Avec ses frères » Actes 1, 14 *(p. 56)*

La tradition chrétienne a surtout retenu la figure de Marie, la mère de Jésus, avec les Onze en prière à Jérusalem, dans la chambre haute. Elle n'a pas fait droit aux frères de Jésus, pourtant présents. Or, cette participation de la famille de Jésus à la première Église de Jérusalem est majeure dans les Actes. Comme Paul, déjà, le reconnaît, c'est Jacques, le frère du Seigneur, qui prend la suite de Pierre à la tête de la communauté (cf. Ga 1, 19 ; Ac 12, 17 ; 15, 13). Le programme de la mission énoncé par le Ressuscité (cf. Ac 1, 8) conduira les disciples de Jérusalem jusqu'à Rome. Mais, même lorsque les païens seront devenus majoritaires, le lien avec l'Église de Jérusalem et la famille de Jésus restera constitutif et inaliénable dans l'Église de Jésus Christ (cf. Ga 2, 9). ■

Roselyne Dupont-Roc, bibliste

MERCREDI 8 OCTOBRE 2025

27ᴱ SEMAINE DU TEMPS ORDINAIRE COULEUR LITURGIQUE : VERT

Temps ordinaire, *suggestion d'oraisons et d'antiennes n° 27*

Antienne d'ouverture

Seigneur, tout est soumis à ta volonté, personne ne peut s'opposer à toi, car c'est toi qui as fait le ciel et la terre et toutes les merveilles qui sont sous le ciel. Tu es le Seigneur de l'univers.

(Est 4, 17)

Prière

Dieu éternel et tout-puissant, dans ta tendresse inépuisable, tu combles ceux qui t'implorent, bien au-delà de leurs mérites et de leurs désirs ; répands sur nous ta miséricorde en délivrant notre conscience de ce qui l'inquiète et en donnant plus que nous n'osons demander. Par Jésus… — ***Amen.***

Lecture

du livre du prophète Jonas (4, 1-11)

« Toi, tu as pitié de ce ricin. Et moi, comment n'aurais-je pas pitié de Ninive, la grande ville ? »

Quand il vit que Dieu pardonnait aux habitants de Ninive, Jonas trouva la chose très mauvaise et se mit en colère. Il fit cette prière au Seigneur : « Ah ! Seigneur, je l'avais bien dit lorsque j'étais encore dans

mon pays ! C'est pour cela que je m'étais d'abord enfui à Tarsis. Je savais bien que tu es un Dieu tendre et miséricordieux, lent à la colère et plein d'amour, renonçant au châtiment. Eh bien, Seigneur, prends ma vie ; mieux vaut pour moi mourir que vivre. » Le Seigneur lui dit : « As-tu vraiment raison de te mettre en colère ? »

Jonas sortit de Ninive et s'assit à l'est de la ville. Là, il fit une hutte et s'assit dessous, à l'ombre, pour voir ce qui allait arriver dans la ville. Le Seigneur Dieu donna l'ordre à un arbuste, un ricin, de pousser au-dessus de Jonas pour donner de l'ombre à sa tête et le délivrer ainsi de sa mauvaise humeur. Jonas se réjouit d'une grande joie à cause du ricin. Mais le lendemain, à l'aube, Dieu donna l'ordre à un ver de piquer le ricin, et celui-ci se dessécha. Au lever du soleil, Dieu donna l'ordre au vent d'est de brûler ; Jonas fut frappé d'insolation. Se sentant défaillir, il demanda la mort et ajouta : « Mieux vaut pour moi mourir que vivre. » Dieu dit à Jonas : « As-tu vraiment raison de te mettre en colère au sujet de ce ricin ? » Il répondit : « Oui, j'ai bien raison de me mettre en colère jusqu'à souhaiter la mort. » Le Seigneur répliqua : « Toi, tu as pitié de ce ricin, qui ne t'a coûté aucun travail et que tu n'as pas fait grandir, qui a poussé en une nuit, et en une nuit a disparu. Et moi, comment n'aurais-je pas pitié de Ninive, la grande ville, où, sans compter une foule d'animaux, il y a plus de cent vingt mille êtres humains qui ne distinguent pas encore leur droite de leur gauche ? »

– Parole du Seigneur.

5 - 11

Psaume 85 (86)

℟ ***Toi, Seigneur, Dieu de tendresse et de pitié !***

Prends pitié de moi, Seigneur,
toi que j'appelle chaque jour.
Seigneur, réjouis ton serviteur :
vers toi, j'élève mon âme ! ℟

Toi qui es bon et qui pardonnes,
plein d'amour pour tous ceux
qui t'appellent,
écoute ma prière, Seigneur,
entends ma voix qui te supplie. ℟

Toutes les nations, que tu as faites,
viendront se prosterner devant toi
et rendre gloire à ton nom, Seigneur,
car tu es grand et tu fais des merveilles,
toi, Dieu, le seul. ℟

Acclamation de l'Évangile

Alléluia. Alléluia. Vous avez reçu un Esprit qui fait de vous des fils ; c'est en lui que nous crions « *Abba* », Père. ***Alléluia.***

Évangile de Jésus Christ

selon saint Luc (11, 1-4)

« Seigneur, apprends-nous à prier »

Il arriva que Jésus, en un certain lieu, était en prière.
Quand il eut terminé, un de ses disciples lui demanda : « Seigneur, apprends-nous à prier, comme Jean le Baptiste, lui aussi, l'a appris à ses disciples. »
Il leur répondit : « Quand vous priez, dites : Père, que ton nom soit sanctifié, que ton règne vienne*.

Donne-nous le pain dont nous avons besoin pour chaque jour. Pardonne-nous nos péchés, car nous-mêmes, nous pardonnons aussi à tous ceux qui ont des torts envers nous. Et ne nous laisse pas entrer en tentation. »

Prière sur les offrandes

Accueille, Seigneur, nous t'en prions, le sacrifice que tu as toi-même institué : dans les saints mystères que nous célébrons pour te servir comme il convient, sanctifie-nous pleinement par ton œuvre de rédemption. Par le Christ, notre Seigneur. ***— Amen.***

Antienne de la communion

Le Seigneur est bon
pour qui se tourne vers lui,
pour l'âme qui le cherche. (Lm 3, 25)
OU
Il y a un seul pain, et la multitude
que nous sommes est un seul corps,
car nous avons tous part à un seul pain
et à une seule coupe. (cf. 1 Co 10, 17)

Prière après la communion

Dieu tout-puissant, nous t'en prions : par la communion à ce sacrement, comble notre soif et notre faim de toi ; afin que nous puissions devenir ce que nous avons reçu. Par le Christ, notre Seigneur. ***— Amen.***

INVITATION

Et si j'envoyais à un enfant que je connais une carte avec le Notre Père, en le recopiant à partir de l'évangile du jour ?

COMMENTAIRE

La prière de Jésus Luc 11, 1-4

Le Notre Père est destiné aux disciples pour qu'ils deviennent, ensemble, fils et frères. Il est éclairé par la prière de Jésus à son Père. Jésus prie ainsi devant les foules : « Père [...] je proclame ta louange : ce que tu as caché aux sages et aux savants, tu l'as révélé aux tout-petits » (Mt 11, 25). Ou encore sur la Croix : « Père, pardonne-leur, ils ne savent pas ce qu'ils font » (Lc 23, 34). Chemin vers l'unité du Père et du Fils (cf. Jn 17). ■

Nicolas Tarralle, prêtre assomptionniste

✼ CLÉ DE LECTURE

« Vienne » Luc 11, 2 *(p. 62)*

Chez Luc, la prière de Jésus au Père est plus courte que chez Matthieu. On voit ainsi comment des groupes chrétiens se sont approprié à leur façon les paroles de Jésus. Luc va à l'essentiel. Les deux premières demandes forment le cadre : un Dieu Père, dont on ne cesse d'attendre qu'il se fasse reconnaître et qu'il étende sur le monde sa bénédiction ; la sanctification du Nom et le Règne en sont l'expression traditionnelle. Ensuite, les traits de sa présence pour les humains : Dieu créateur rassasie tout ce qui vit, que les humains sachent partager ses dons ! Dieu Père ne cesse de pardonner, que les humains sachent échanger ce pardon entre eux ! Qu'enfin l'épreuve, qui est la perte de confiance en Dieu, ne les fasse pas se détourner de la bénédiction ! ■

Roselyne Dupont-Roc, bibliste

JEUDI 9 OCTOBRE 2025

27E SEMAINE DU TEMPS ORDINAIRE COULEUR LITURGIQUE : VERT

Temps ordinaire, *suggestion d'oraisons et d'antiennes n° 28*
ou **saint Denis et ses compagnons,** *voir p. 70*
ou **saint Jean Léonardi**

5 - 11

Antienne d'ouverture

Si tu retiens les fautes, Seigneur,
Seigneur, qui subsistera ?
Mais près de toi se trouve le pardon, Dieu d'Israël. (cf. Ps 129, 3-4)

Prière

Nous t'en prions, Seigneur, que ta grâce nous devance et qu'elle nous accompagne toujours, pour nous rendre attentifs à faire le bien sans relâche. Par Jésus… ***— Amen.***

Lecture

du livre du prophète Malachie (3, 13-20a)

« Voici que vient le jour du Seigneur, brûlant comme la fournaise »

« Vous avez contre moi des paroles dures, – dit le Seigneur. Et vous osez demander : “Qu'avons-nous dit entre nous contre toi ?” Voici ce que vous avez dit : “Servir Dieu n'a pas de sens. À quoi bon garder ses observances, mener une vie sans joie en présence du Seigneur de l'univers ? Nous en venons à dire bienheureux les arrogants ; même ceux qui font le mal sont prospères, même s'ils mettent Dieu à l'épreuve, ils en réchappent !” » Alors ceux qui craignent le Seigneur s'exhortèrent

mutuellement. Le Seigneur fut attentif et les écouta ; un livre fut écrit devant lui pour en garder mémoire, en faveur de ceux qui le craignent et qui ont le souci de son nom.
Le Seigneur de l'univers déclara : « Ils seront mon domaine particulier pour le jour que je prépare. Je serai indulgent envers eux, comme un homme est indulgent envers le fils qui le sert fidèlement.
« Vous verrez de nouveau qu'il y a une différence entre le juste et le méchant, entre celui qui sert Dieu et celui qui refuse de le servir. Voici que vient le jour du Seigneur, brûlant comme la fournaise. Tous les arrogants, tous ceux qui commettent l'impiété, seront de la paille. Le jour qui vient les consumera, – dit le Seigneur de l'univers –, il ne leur laissera ni racine ni branche. Mais pour vous qui craignez mon nom, le Soleil de justice se lèvera : il apportera la guérison dans son rayonnement. »
– Parole du Seigneur.

Psaume 1

℟ ***Heureux est l'homme qui met sa foi dans le Seigneur.***

Heureux est l'homme qui n'entre
pas au conseil des méchants,
qui ne suit pas le chemin des pécheurs,
ne siège pas avec ceux qui ricanent,
mais se plaît dans la loi du Seigneur
et murmure sa loi jour et nuit ! ℟

Il est comme un arbre planté
près d'un ruisseau,
qui donne du fruit en son temps,
et jamais son feuillage ne meurt ;
tout ce qu'il entreprend réussira.
Tel n'est pas le sort des méchants. ℟

Mais ils sont comme la paille balayée par le vent.
Le Seigneur connaît le chemin des justes,
mais le chemin des méchants se perdra. ℟

Acclamation de l'Évangile

Alléluia. Alléluia. Seigneur, ouvre notre cœur pour nous rendre attentifs aux paroles de ton Fils. ***Alléluia.***

Évangile de Jésus Christ

selon saint Luc (11, 5-13)

« Demandez, on vous donnera »

En ce temps-là, Jésus disait à ses disciples : « Imaginez que l'un de vous ait un ami et aille le trouver au milieu de la nuit pour lui demander : "Mon ami, prête-moi trois pains, car un de mes amis est arrivé de voyage chez moi, et je n'ai rien à lui offrir." Et si, de l'intérieur, l'autre lui répond : "Ne viens pas m'importuner ! La porte est déjà fermée ; mes enfants et moi, nous sommes couchés. Je ne puis pas me lever pour te donner quelque chose." Eh bien ! je vous le dis : même s'il ne se lève pas pour donner par amitié, il se lèvera à cause du sans-gêne de cet ami, et il lui donnera tout ce qu'il lui faut. Moi, je vous dis : Demandez, on vous donnera ; cherchez, vous trouverez ; frappez, on vous ouvrira. En effet, quiconque demande reçoit ; qui cherche trouve ; à qui frappe, on ouvrira. Quel père parmi vous, quand son fils lui demande un poisson, lui donnera un serpent au lieu du poisson ? ou lui donnera un scorpion quand il demande un œuf ? Si donc vous, qui êtes mauvais, vous savez donner de bonnes choses à vos enfants, combien plus le Père du ciel donnera-t-il l'Esprit Saint* à ceux qui le lui demandent ! »

Prière sur les offrandes

Avec l'offrande de ce sacrifice, accueille, Seigneur, les prières de tes fidèles ; que cette liturgie célébrée avec ferveur nous fasse parvenir à la gloire du ciel. Par le Christ, notre Seigneur. **— *Amen.***

Antienne de la communion

Des riches ont tout perdu,
ils ont faim ; qui cherche le Seigneur
ne manquera d'aucun bien.
(Ps 33, 11)
OU
Quand le Seigneur sera manifesté,
nous lui serons semblables
car nous le verrons tel qu'il est.
(cf. 1 Jn 3, 2)

Prière après la communion

Seigneur, Dieu de majesté, nous t'en supplions humblement : puisque tu nous as nourris du corps et du sang très saints, rends-nous participants de la nature divine. Par le Christ, notre Seigneur. **— *Amen.***

INVITATION

Dans ma prière, je demande au Père l'envoi de son Esprit Saint, comme nous l'enseigne Jésus dans l'évangile du jour.

COMMENTAIRE

Un don qui circule Luc 11, 5-13

En acceptant d'accueillir un ami qui frappe tard, on peut compter sur le fait d'être accueilli par un autre ami qu'on dérange dans la nuit. Recevoir, trouver, ouvrir ne sont donc pas le fruit de nos seuls efforts personnels : ils exigent de s'en remettre à d'autres en demandant, en cherchant, en frappant. L'hospitalité est un don qui circule. Combien plus s'il s'agit de l'Esprit Saint que le Christ nous dit de demander au Père ! ■

Nicolas Tarralle, prêtre assomptionniste

✲ CLÉ DE LECTURE

« L'Esprit Saint » Luc 11, 13 *(p. 68)*

Dans le texte parallèle de l'évangile de Matthieu, la petite parabole finale se termine de façon très naturelle : « Combien plus le Père du ciel donnera-t-il de bonnes choses » à ceux qui le prient ! Mais Luc décale le propos : combien plus donnera-t-il « l'Esprit Saint » ! Nous demandons ce qui nous paraît bon, ce que nous espérons pour résoudre nos difficultés, satisfaire nos souhaits. Mais Dieu, qui connaît nos cœurs, répond autrement : en nous donnant son Esprit Saint. Paul l'avait déjà enseigné (cf. Rm 8, 26-27) ; nous avons à laisser prier en nous l'Esprit, l'Esprit de filiation qui à la suite du Christ nous aide à nous ajuster au regard de Dieu sur nous-mêmes : où est le chemin du plus grand amour et de l'oubli de soi pour que l'autre grandisse ? ■

Roselyne Dupont-Roc, bibliste

Saint Denis et ses compagnons

Couleur liturgique : rouge

IIIe siècle. Envoyé par le pape Fabien pour évangéliser la Gaule, Denis devint le premier évêque de Paris. Il fut décapité avec deux de ses compagnons, Éleuthère et Rustique.

Antienne d'ouverture

Elles se réjouissent dans les cieux, les âmes des saints qui ont suivi les traces du Christ ; ils ont répandu leur sang par amour pour lui : c'est pourquoi ils exultent avec lui pour l'éternité.

Prière

Seigneur Dieu, tu as envoyé le bienheureux Denis et ses compagnons annoncer aux nations ta gloire, et tu les as gardés inébranlables dans la souffrance ; nous t'en prions, accorde-nous la grâce de les imiter en sachant mépriser les faveurs du monde, sans jamais craindre son opposition. Par Jésus… — ***Amen.***

Prière sur les offrandes

Reçois, Père très saint, les offrandes que nous te présentons en faisant mémoire de tes saints martyrs ; accorde aux serviteurs que nous sommes d'être inébranlables dans la confession de ton nom. Par le Christ, notre Seigneur. — ***Amen.***

Antienne de la communion

Elle est grande auprès de Dieu,
la récompense des saints : ils sont morts pour le Christ et vivent à jamais.

Prière après la communion

Seigneur Dieu, en tes saints martyrs tu as fait resplendir de manière admirable le mystère de la croix ; puisque nous sommes fortifiés par ce sacrifice, accorde-nous de rester fidèlement unis au Christ, et de travailler dans l'Église au salut de tous. Par le Christ, notre Seigneur. — ***Amen.***

VENDREDI 10 OCTOBRE 2025

27E SEMAINE DU TEMPS ORDINAIRE COULEUR LITURGIQUE : VERT

Temps ordinaire, *suggestion d'oraisons et d'antiennes n° 29*

5 - 11

Antienne d'ouverture

Je t'appelle, toi, le Dieu qui répond : écoute-moi, entends ce que je dis. Garde-moi comme la prunelle de l'œil ; à l'ombre de tes ailes, cache-moi.
(Ps 16, 6.8)

Prière

Dieu éternel et tout-puissant, fais-nous toujours agir pour toi d'une volonté ardente, et servir ta gloire d'un cœur sans partage. Par Jésus… ***— Amen.***

Lecture

du livre du prophète Joël (1, 13-15 ; 2, 1-2)

« Voici venir le jour du Seigneur, jour de ténèbres et d'obscurité »

Prêtres, mettez un vêtement de deuil, et pleurez ! Serviteurs de l'autel, faites entendre des lamentations ! Venez, serviteurs de mon Dieu, passez la nuit vêtus de toile à sac ! Car la maison de votre Dieu ne reçoit plus ni offrandes ni libations. Prescrivez un jeûne sacré, annoncez une fête solennelle, réunissez les anciens et tous les habitants du pays dans la maison du Seigneur votre Dieu. Criez vers le Seigneur : « Ah ! jour de malheur ! »
Le jour du Seigneur est proche*, il vient du Puissant comme un fléau. Sonnez du cor dans Sion, faites

retentir la clameur sur ma montagne sainte ! Qu'ils tremblent, tous les habitants du pays, car voici venir le jour du Seigneur, il est tout proche. Jour de ténèbres et d'obscurité, jour de nuages et de sombres nuées. Comme la nuit qui envahit les montagnes, voici un peuple nombreux et fort ; il n'y en a jamais eu de pareil et il n'y en aura plus dans les générations à venir.

– Parole du Seigneur.

Psaume 9A

℟ ***Dieu jugera le monde avec justice.***

De tout mon cœur, Seigneur,
je rendrai grâce,
je dirai tes innombrables merveilles ;
pour toi, j'exulterai, je danserai,
je fêterai ton nom, Dieu Très-Haut. ℟

Tu menaces les nations,
tu fais périr les méchants,
à tout jamais tu effaces leur nom.

Ils sont tombés, les païens,
dans la fosse qu'ils creusaient ;
aux filets qu'ils ont tendus,
leurs pieds se sont pris. ℟

Mais il siège, le Seigneur, à jamais :
pour juger, il affermit son trône ;
il juge le monde avec justice
et gouverne les peuples avec droiture. ℟

Acclamation de l'Évangile

Alléluia. Alléluia. Maintenant le prince de ce monde va être jeté dehors, dit le Seigneur ; et moi, quand j'aurai été élevé de terre, j'attirerai à moi tous les hommes. ***Alléluia.***

Évangile de Jésus Christ

selon saint Luc (11, 15-26)

« Si c'est par le doigt de Dieu que j'expulse les démons, c'est donc que le règne de Dieu est venu jusqu'à vous »

En ce temps-là, comme Jésus avait expulsé un démon, certains dirent : « C'est par Béelzéboul, le chef des démons, qu'il expulse les démons. » D'autres, pour le mettre à l'épreuve, cherchaient à obtenir de lui un signe venant du ciel. Jésus, connaissant leurs pensées, leur dit : « Tout royaume divisé contre lui-même devient désert, ses maisons s'écroulent les unes sur les autres. Si Satan, lui aussi, est divisé contre lui-même, comment son royaume tiendra-t-il ? Vous dites en effet que c'est par Béelzéboul que j'expulse les démons. Mais si c'est par Béelzéboul que moi, je les expulse, vos disciples, par qui les expulsent-ils ? Dès lors, ils seront eux-mêmes vos juges. En revanche, si c'est par le doigt de Dieu que j'expulse les démons, c'est donc que le règne de Dieu est venu jusqu'à vous. Quand l'homme fort, et bien armé, garde son palais, tout ce qui lui appartient est en sécurité. Mais si un plus fort survient et triomphe de lui, il lui enlève son armement auquel il se fiait, et il distribue tout ce dont il l'a dépouillé. Celui qui n'est pas avec moi est contre moi ; celui qui ne rassemble pas avec moi disperse. Quand l'esprit impur est sorti de l'homme, il parcourt des lieux arides en cherchant où se reposer. Et il ne trouve pas. Alors il se dit : “Je vais retourner dans ma maison, d'où je suis sorti.” En arrivant, il la trouve balayée et bien rangée. Alors il s'en va, et il prend d'autres esprits encore plus mauvais que lui, au nombre de sept ; ils entrent et s'y installent. Ainsi, l'état de cet homme-là est pire à la fin qu'au début. »

Prière sur les offrandes

Accorde-nous, Seigneur, nous t'en prions, de te servir d'un cœur libre en te présentant ces dons ; puissions-nous, par un effet de ta grâce, être purifiés par ces mystères que nous célébrons. Par le Christ, notre Seigneur. **— *Amen.***

Antienne de la communion

Le Seigneur veille sur ceux qui
le craignent, qui mettent leur espoir
en sa miséricorde, pour délivrer
leur âme de la mort, les nourrir
aux jours de famine. (cf. Ps 32, 18-19)

OU

Le Fils de l'homme est venu
pour donner sa vie en rançon
pour la multitude. (cf. Mc 10, 45)

Prière après la communion

Accorde-nous, Seigneur, nous t'en prions, de progresser en participant aux réalités du ciel ; ainsi, nous serons soutenus par tes bienfaits en ce temps et façonnés par ceux de l'éternité. Par le Christ, notre Seigneur. **— *Amen.***

INVITATION

Comment est-ce que j'arrive à unifier ma vie entre ma foi, mon travail, mes activités ?

COMMENTAIRE

Habiter l'espace

Luc 11, 15-26

Si l'esprit impur peut revenir dans la maison bien rangée dont il a été chassé, c'est qu'elle n'est ni gardée ni habitée. Il va alors s'y installer à nouveau avec plus de force. Peut-être suis-je moi aussi parfois tourmenté dans mon esprit, mon cœur ou mon corps, puis libéré par la grâce d'un conseil, d'une prière ou d'une confession ? Jésus m'enjoint vivement de revenir habiter l'espace qu'il vient de dégager dans ma vie. ■

Nicolas Tarralle, prêtre assomptionniste

❊ CLÉ DE LECTURE

« Le jour du Seigneur est proche »

Joël 1, 15 *(p. 71)*

Pourquoi ne retenir du livre de Joël que la liturgie pénitentielle à l'ombre d'une vision terrifiante du « jour du Seigneur » ? Ce livre tardif, condensé des oracles prophétiques, est d'abord un constat des menaces qui ne cessent de peser sur l'humanité et de son incapacité à échapper à sa propre violence. Le jour du Seigneur alors n'est plus cette menace, mais le moment où Dieu vient combattre avec les humains contre les forces du Mal. Pour cela, le livre de Joël invite chacun, et tous collectivement, à un retour sur soi et à un changement de cœur. Au lieu d'être terrifié ou désespéré, le prophète fait percevoir le surgissement d'un monde nouveau où l'Esprit de Dieu viendra sur tous et où le mal sera définitivement éradiqué. Lisons la suite inouïe du livre (cf. Jl 3) ! ■

Roselyne Dupont-Roc, bibliste

SAMEDI 11 OCTOBRE 2025

27E SEMAINE DU TEMPS ORDINAIRE COULEUR LITURGIQUE : VERT

Temps ordinaire, *suggestion d'oraisons et d'antiennes n° 30*
ou **bienheureuse Vierge Marie,** *voir p. 80*
ou **saint Jean XXIII,** *voir p. 81*

Antienne d'ouverture

Joie pour les cœurs qui cherchent Dieu. Cherchez le Seigneur, et vous serez affermis, recherchez sans trêve sa face. (cf. Ps 104, 3-4)

Prière

Dieu éternel et tout-puissant, augmente en nous la foi, l'espérance et la charité ; et pour que nous puissions obtenir ce que tu promets, fais-nous aimer ce que tu commandes. Par Jésus… ***— Amen.***

Lecture

du livre du prophète Joël (4, 12-21)

« Lancez la faucille : la moisson est mûre »

Ainsi parle le Seigneur : « Que les nations se réveillent, qu'elles montent jusqu'à la vallée de Josaphat (dont le nom signifie : le Seigneur juge), car c'est là que je vais siéger pour juger tous les peuples qui vous entourent. Lancez la faucille : la moisson est mûre ; venez fouler la vendange : le pressoir est rempli et les cuves débordent de tout le mal qu'ils ont fait ! Voici des multitudes et encore des multitudes dans la vallée du Jugement ; il est tout proche, le jour du Seigneur dans la vallée du Jugement ! Le soleil et la lune se sont obscurcis, les étoiles ont retiré leur

clarté. De Sion, le Seigneur fait entendre un rugissement, de Jérusalem, il donne de la voix. Le ciel et la terre sont ébranlés, mais le Seigneur est un refuge pour son peuple, une forteresse pour les fils d'Israël. Vous saurez que je suis le Seigneur votre Dieu, qui demeure à Sion, sa montagne sainte. Jérusalem sera un lieu saint, les étrangers n'y passeront plus. Ce jour-là, le vin nouveau ruissellera sur les montagnes, le lait coulera sur les collines. Tous les torrents de Juda seront pleins d'eau, une source jaillira de la maison du Seigneur et arrosera le ravin des Acacias. L'Égypte sera vouée à la désolation, Édom sera un désert désolé, car ils ont multiplié les violences contre les fils de Juda, ils ont répandu leur sang innocent dans le pays. Mais il y aura toujours des habitants en Juda, ainsi qu'à Jérusalem, de génération en génération. Je vengerai leur sang, que je n'avais pas encore vengé. »
Et le Seigneur aura sa demeure à Sion.
– Parole du Seigneur.

Psaume 96 (97)

℟ ***Que le Seigneur soit votre joie, hommes justes !***

Le Seigneur est roi ! Exulte la terre !
Joie pour les îles sans nombre !
Ténèbre et nuée l'entourent,
justice et droit sont l'appui de son trône. ℟

Les montagnes fondaient comme cire
devant le Seigneur,
devant le Maître de toute la terre.
Les cieux ont proclamé sa justice,
et tous les peuples ont vu sa gloire. ℟

SAMEDI 11 OCTOBRE 2025

Une lumière est semée pour le juste,
et pour le cœur simple, une joie.
Que le Seigneur soit votre joie, hommes justes ;
rendez grâce en rappelant son nom très saint. ℟

Acclamation de l'Évangile

Alléluia. Alléluia. Heureux ceux qui écoutent la parole de Dieu, et qui la gardent ! ***Alléluia.***

Évangile de Jésus Christ

selon saint Luc (11, 27-28)

« Heureuse la mère qui t'a porté en elle !
– Heureux plutôt ceux qui écoutent la parole de Dieu ! »

En ce temps-là, comme Jésus était en train de parler, une femme éleva la voix au milieu de la foule pour lui dire : « Heureuse la mère qui t'a porté en elle, et dont les seins t'ont nourri ! » Alors Jésus lui déclara : « Heureux plutôt ceux qui écoutent la parole de Dieu, et qui la gardent ! »

Prière sur les offrandes

Regarde les présents que nous t'offrons, nous t'en prions, Seigneur, Dieu de majesté : permets que notre célébration soit d'abord tournée vers ta gloire. Par le Christ, notre Seigneur. ***— Amen.***

Antienne de la communion
Nous trouverons la joie en ton salut,
et la grandeur dans le nom
de notre Dieu. (cf. Ps 19, 6)
OU
Le Christ nous a aimés et s'est livré
lui-même pour nous,
s'offrant en sacrifice à Dieu, comme
un parfum d'agréable odeur. (Ep 5, 2)

Prière après la communion
Que tes sacrements, Seigneur, nous t'en prions, achèvent de produire en nous ce qu'ils contiennent ; puissions-nous saisir dans sa pleine vérité ce que notre célébration préfigure aujourd'hui. Par le Christ, notre Seigneur. **— *Amen.***

INVITATION

Nous fêtons aujourd'hui saint Jean XXIII, l'occasion de lire l'un des textes du concile Vatican II, dont il a été l'initiateur.

COMMENTAIRE

Heureuse Marie !

Luc 11, 27-28

On perçoit une pointe d'admiration – voire d'identification – dans la voix de la femme qui déclare la mère de Jésus « heureuse ». Elle ne mesure pas que son propos est en réalité une interrogation sur celui qui a été porté et allaité. Qui est-il, en effet, pour que sa mère soit l'objet d'une béatitude ? La réplique du maître y répond : une Parole à écouter et à garder. Exactement ce dont Marie nous donne l'exemple. ■

Nicolas Tarralle, *prêtre assomptionniste*

Bienheureuse Vierge Marie

Couleur liturgique : blanc ou vert

Les samedis du temps ordinaire sans mémoire obligatoire, on peut faire mémoire de la Vierge Marie, selon une tradition qui honore la foi et l'espérance sans défaut de Marie le Samedi saint.

Antienne d'ouverture

Bienheureuse es-tu, Vierge Marie :
tu as porté le Créateur de l'univers,
tu as mis au monde celui qui t'a faite,
et tu demeures toujours vierge.

Prière

Dieu de miséricorde, viens au secours de notre faiblesse : puisque nous faisons mémoire de la sainte Mère de Dieu, fais que, soutenus par son intercession, nous soyons relevés de nos péchés. Par Jésus…
— *Amen.*

Prière sur les offrandes

En rendant hommage à la Mère de ton Fils, Seigneur, nous te supplions : que le sacrifice offert en ce jour fasse de nous, par le don de ta grâce, une éternelle offrande à ta gloire. Par le Christ, notre Seigneur. **— *Amen.***

Préface de la Vierge Marie, p. 214.

Antienne de la communion

Le Puissant fit pour moi des merveilles;
Saint est son nom. (Lc 1, 49)

Prière après la communion

Tu nous as fait participer à la rédemption éternelle, et nous te prions, Seigneur : alors que nous faisons mémoire de la Mère de ton Fils, comble-nous de la plénitude de ta grâce, et fais-nous éprouver toujours davantage les effets du salut. Par le Christ, notre Seigneur. **— *Amen.***

Saint Jean XXIII

Couleur liturgique : blanc

Le 11 octobre 1962, Jean XXIII ouvrait solennellement le concile Vatican II, acte majeur de son pontificat. Le « bon pape Jean » a été canonisé le 27 avril 2014 par le pape François.

Antienne d'ouverture

Le Seigneur s'est choisi
saint Jean XXIII comme grand prêtre,
et, lui ouvrant ses trésors,
il l'a comblé de tous les biens.

Prière

Dieu éternel et tout-puissant, dans le pape saint Jean XXIII tu as fait resplendir à travers le monde entier l'image vivante du Christ, le bon pasteur ; nous t'en prions : accorde-nous, à son intercession, de pouvoir répandre avec joie l'abondance de la charité chrétienne. Par Jésus…
— *Amen.*

Prière sur les offrandes

Accueille, Seigneur, le sacrifice de ton peuple en l'honneur de saint Jean XXIII ; nous l'offrons pour te glorifier : qu'il contribue à notre salut éternel. Par le Christ, notre Seigneur. **— *Amen.***

Préface des saints pasteurs, p. 216.

Antienne de la communion

Le bon pasteur, le vrai berger,
a donné sa vie pour ses brebis.
(cf. Jn 10, 11)

Prière après la communion

Seigneur notre Dieu, que le sacrement reçu attise en nous le feu de la charité dont l'ardeur enflammait saint Jean XXIII, et lui donnait de se dépenser sans relâche pour ton Église. Par le Christ, notre Seigneur. **— *Amen.***

DIMANCHE 12 OCTOBRE 2025

28E DIMANCHE DU TEMPS ORDINAIRE

ANNÉE C – COULEUR LITURGIQUE : VERT

Des dix lépreux purifiés par Jésus, un seul revient sur ses pas pour le remercier. Quand nous appelons le Seigneur à l'aide, il écoute notre prière, il vient nous purifier de toutes nos lèpres. Jour après jour, osons de recourir à lui avec foi et humilité. Lorsque nous le voyons à l'œuvre dans nos vies, débordons de gratitude.

RITES INITIAUX

Chant d'entrée *(Suggestions p. 234)*
OU
Antienne d'ouverture
Si tu retiens les fautes, Seigneur, Seigneur, qui subsistera ?
Mais près de toi se trouve le pardon, Dieu d'Israël. (cf. Ps 129, 3-4)

Suggestion de préparation pénitentielle *(ou p. 206)*
Comme les lépreux qui implorent le Seigneur, reconnaissons que nous avons besoin d'être purifiés. Avec foi, demandons pardon pour notre péché.

Seigneur Jésus, toi qui révèles ta justice aux nations, tu te rappelles à chaque instant ta fidélité et ton amour. Kyrie, eleison.
— Kyrie, eleison.

Ô Christ, toi qui as purifié les lépreux qui t'imploraient, tu veux nous libérer de la lèpre du péché et de la mort. Christe, eleison.
— Christe, eleison.

Seigneur, toi qui as connu la Passion et la mort pour notre salut, tu nous entraînes dans ta vie et dans ta résurrection. Kyrie, eleison.
— Kyrie, eleison.

Que Dieu tout-puissant nous fasse miséricorde ; qu'il nous pardonne nos péchés et nous conduise à la vie éternelle. ***— Amen.***

Gloire à Dieu (p. 208)

Prière

Nous t'en prions, Seigneur, que ta grâce nous devance et qu'elle nous accompagne toujours, pour nous rendre attentifs à faire le bien sans relâche. Par Jésus… — ***Amen.***

LITURGIE DE LA PAROLE

Lecture du deuxième livre des Rois (5, 14-17)

« Naaman retourna chez l'homme de Dieu et déclara : Il n'y a pas d'autre Dieu que celui d'Israël »

En ces jours-là, le général syrien Naaman, qui était lépreux, descendit jusqu'au Jourdain et s'y plongea sept fois, pour obéir à la parole d'Élisée, l'homme de Dieu ; alors sa chair redevint semblable à celle d'un petit enfant : il était purifié ! Il retourna chez l'homme de Dieu avec toute son escorte ; il entra, se présenta devant lui et déclara : « Désormais, je le sais : il n'y a pas d'autre Dieu, sur toute la terre, que celui d'Israël ! Je t'en prie, accepte un présent de ton serviteur. » Mais Élisée répondit : « Par la vie du Seigneur que je sers, je n'accepterai rien. » Naaman le pressa d'accepter, mais il refusa. Naaman dit alors : « Puisque c'est ainsi, permets que ton serviteur emporte de la terre de ce pays autant que deux mulets peuvent en transporter, car je ne veux plus offrir

ni holocauste ni sacrifice à d'autres dieux qu'au Seigneur Dieu d'Israël. »
– Parole du Seigneur.

Psaume 97 (98)

℟ ***Le Seigneur a fait connaître sa victoire***
et révélé sa justice aux nations.

T. : AELF ; M. : B. Delattre ; Éd. : ADF.

Chantez au Seigneur un chant nouveau,
car il a fait des merveilles ;
par son bras très saint, par sa main puissante,
il s'est assuré la victoire. ℟

Écoutez ce psaume sur **www.prionseneglise.fr/messe-du-dimanche**

℟ ***Le Seigneur a fait connaître sa victoire***
et révélé sa justice aux nations.

Le Seigneur a fait connaître sa victoire
et révélé sa justice aux nations ;
il s'est rappelé sa fidélité, son amour,
en faveur de la maison d'Israël. ℟

La terre tout entière a vu
la victoire de notre Dieu.
Acclamez le Seigneur, terre entière,
sonnez, chantez, jouez ! ℟

Lecture de la deuxième lettre de saint Paul apôtre à Timothée (2, 8-13)

« Si nous supportons l'épreuve, avec lui nous régnerons »

Bien-aimé, souviens-toi de Jésus Christ, ressuscité d'entre les morts, le descendant de David : voilà mon évangile. C'est pour lui que j'endure la souffrance, jusqu'à être enchaîné comme un malfaiteur. Mais on n'enchaîne pas la parole de Dieu ! C'est pourquoi je supporte tout pour ceux que Dieu a choisis, afin qu'ils obtiennent, eux aussi, le salut qui est dans le Christ Jésus, avec la gloire éternelle. Voici une parole digne de foi : Si nous sommes morts avec lui, avec lui nous vivrons. Si nous supportons l'épreuve, avec lui nous régnerons. Si nous le rejetons, lui aussi nous rejettera. Si nous manquons de foi, lui reste fidèle à sa parole, car il ne peut se rejeter lui-même. – Parole du Seigneur.

Acclamation de l'Évangile

Alléluia. Alléluia. Rendez grâce en toute circonstance : c'est la volonté de Dieu à votre égard dans le Christ Jésus. ***Alléluia.***

T. : AELF; M. : J.-M. Belliard (Messe pour un temps ordinaire); Ateliers du Fresne.

Évangile de Jésus Christ selon saint Luc (17, 11-19)

« Il ne s'est trouvé parmi eux que cet étranger pour revenir sur ses pas et rendre gloire à Dieu ! »

En ce temps-là, Jésus, marchant vers Jérusalem, traversait la région située entre la Samarie et la Galilée. Comme il entrait dans un village, dix lépreux vinrent à sa rencontre. Ils s'arrêtèrent à distance et lui crièrent : « Jésus, maître, prends pitié de nous. » À cette vue, Jésus leur dit : « Allez vous montrer aux prêtres. » En cours de route, ils furent purifiés. L'un d'eux, voyant qu'il était guéri, revint sur ses pas, en glorifiant Dieu à pleine voix. Il se jeta face contre terre aux pieds de Jésus en lui rendant grâce. Or, c'était un Samaritain. Alors Jésus prit la parole en disant : « Tous les dix n'ont-ils pas été purifiés ? Les neuf autres, où sont-ils ? Il ne s'est trouvé parmi eux que cet étranger pour revenir sur ses pas et rendre gloire à Dieu ! » Jésus lui dit : « Relève-toi et va : ta foi t'a sauvé. »

Homélie

Profession de foi (p. 209)

Suggestion de prière universelle

Le prêtre :

D'une seule voix, les dix lépreux implorent le Christ : « Jésus, maître, prends pitié de nous. » Animés de cette audace, tournons-nous vers le Christ, faisons monter vers lui notre prière.

℟ ***Avec Marie ta mère, nous te supplions.***

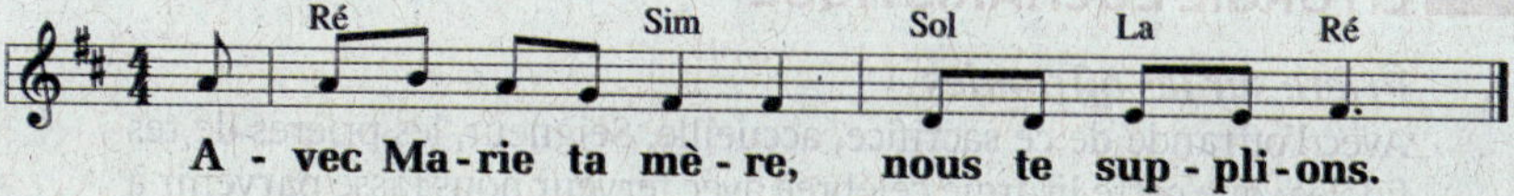

Bayard Liturgie; M. : M. Wackenheim.

Le diacre ou un lecteur :

Ce week-end a lieu le jubilé de la spiritualité mariale. Pour les chrétiens se rendant en pèlerinage auprès de Notre Dame, afin qu'ils trouvent paix et réconfort, prions le Seigneur. ℟

Sur la terre, le Christ a soutenu les pauvres et guéri les malades. Pour nos responsables politiques, afin qu'ils aient le souci des plus fragiles de notre société, prions le Seigneur. ℟

Beaucoup de personnes sont enchaînées dans les lèpres de l'addiction, de la maladie, du désespoir. Pour les lépreux de notre temps, afin qu'ils trouvent écoute et soutien, prions le Seigneur. ℟

Des dix lépreux purifiés, un seul est retourné vers Jésus pour rendre grâce. Pour notre communauté, afin que nous chantions sans cesse les merveilles du Seigneur, prions le Seigneur. ℟

(Ces intentions seront adaptées ou modifiées selon les circonstances. On peut aussi s'inspirer de l'intention universelle du Saint-Père, p. 6.)

Le prêtre :

Ô Christ, toi qui as penché ton regard sur la misère des dix lépreux venus t'implorer, daigne exaucer toutes nos prières, toi qui vis et règnes pour les siècles des siècles. **— *Amen.***

LITURGIE EUCHARISTIQUE

Prière sur les offrandes

Avec l'offrande de ce sacrifice, accueille, Seigneur, les prières de tes fidèles ; que cette liturgie célébrée avec ferveur nous fasse parvenir à la gloire du ciel. Par le Christ, notre Seigneur. **— *Amen.***

Prière eucharistique *(Préface des dimanches, p. 212)*

Chant de communion (Suggestions p. 234)

OU

Antienne de la communion

Des riches ont tout perdu, ils ont faim ;
qui cherche le Seigneur ne manquera d'aucun bien. (Ps 33, 11)

OU

Quand le Seigneur sera manifesté, nous lui serons semblables
car nous le verrons tel qu'il est. (cf. 1 Jn 3, 2)

Prière après la communion

Seigneur, Dieu de majesté, nous t'en supplions humblement : puisque tu nous as nourris du corps et du sang très saints, rends-nous participants de la nature divine. Par le Christ, notre Seigneur. **— *Amen.***

RITE DE CONCLUSION

Bénédiction et envoi

COMMENTAIRE DU DIMANCHE

Marie-Caroline Bustarret, théologienne, enseignante aux facultés Loyola Paris

La miséricorde divine n'obéit à aucune règle

L'évangile du jour rappelle qu'il ne faut pas chercher le « mode opératoire » de Jésus quand il procède à une guérison. Une fois de plus, l'histoire qui est racontée ici a ses particularités. Certes, on retrouve certains « ingrédients » dont nous sommes familiers – comme un face-à-face avec le malade ainsi que la remarque de Jésus sur la foi qui sauve. Mais ces ingrédients ne se présentent pas tout à fait comme d'habitude : il n'est pas question d'un homme ou d'une femme mais d'un groupe. Il n'y a pas de contact physique avec les lépreux, qui restent à distance. Jésus n'entre pas en dialogue avec eux, il ne commente pas leur foi, n'annonce pas leur guérison ; il leur commande seulement de se rendre devant les prêtres (les seuls qui sont habilités à constater la guérison). Puis un homme, un seul, se distingue •••

••• et revient sur ses pas pour rendre grâce. Jésus exprime juste un étonnement : les autres ne se sont pas joints au Samaritain. Il fait ce constat, sans porter de jugement sur leur manque apparent de gratitude, et fait remarquer au passage que le seul qui a rendu grâce est un étranger. Puis il prononce les paroles : « Va, ta foi t'a sauvé. »
Tout cela nous redit que la miséricorde de Dieu n'obéit pas à des règles fixées d'avance, elle se dispense sans conditions, ne réclame même pas notre gratitude. Pas de procédure à respecter pour mériter la grâce, Dieu aime et donne sans limites, un point c'est tout !

Dans quelle mesure ai-je suffisamment confiance en Jésus pour oser m'adresser à lui et lui demander ce dont j'ai besoin ?
Quand m'arrive-t-il de glorifier Dieu à pleine voix ? ■

Prions en Église
Junior

LIRE L'ÉVANGILE AVEC LES ENFANTS

CE QUE JE DÉCOUVRE

À l'époque de Jésus, on n'avait pas le droit d'approcher les lépreux car leur maladie était très contagieuse. Ils devaient rester à l'extérieur des villes, ils portaient malheur. Alors, quand Jésus les guérit, **la moindre des politesses aurait été de venir le remercier !** Ici, un seul vient dire merci à Jésus. Jésus ne fait pas de miracles pour recevoir des « mercis » en retour. Mais il est heureux quand nous lui disons merci pour ce qu'il fait pour nous. **Dire merci, ça change la vie !**

CE QUE JE VIS

Quand as-tu déjà vu des gens qu'on mettait à l'écart ?
Qui t'a aidé à trouver ta place dans un groupe ?
Chaque jour de la semaine, écris sur un petit papier un merci à dire à Jésus.

Texte : Pierre-Marie Leroy. Illustrations : Marcelino Truong

12 - 18

MÉDITATION BIBLIQUE
28E DIMANCHE DU TEMPS ORDINAIRE
Deuxième livre des Rois 5, 14-17

Un païen reconnaissant

La première lecture et l'évangile du jour sont centrés sur des figures de païens ou d'étrangers reconnaissants envers le Dieu d'Israël. La liturgie invite ainsi chacun à sortir de ses préjugés.

Le temps de la préparation

« Le Seigneur a fait connaître sa victoire et révélé sa justice aux nations. » (Ps 97, 2)

Le temps de l'observation

Au terme de tout un périple relaté dans le chapitre 5 du deuxième livre des Rois, Naaman est guéri de sa lèpre, une maladie invalidante qui, à cette époque, entraînait une mort sociale. Avant d'en arriver au bain purificateur dans le Jourdain, le général syrien a dû laisser tomber bon nombre de ses préjugés « mondains » : accueillir les paroles d'une jeune esclave ; partir pour un pays étranger et ennemi dont le degré de développement était loin de celui de sa propre nation ; recevoir d'un simple messager, et non du prophète Élisée lui-même, l'annonce de la marche à suivre pour sa guérison ; enfin, accepter une médication assez éloignée de celle à laquelle il s'attendait. Et le fruit de ce réajustement, du consentement à passer par des médiations humbles, se révèle être non seulement la guérison physique mais encore la guérison intérieure exprimée par sa foi nouvelle au Dieu unique : « Désormais, je le sais : il n'y a pas d'autre Dieu. »

Le temps de la méditation

L'expérience a été déterminante pour Naaman, précédant sa compréhension de l'événement. Sa foi s'est forgée dans le creuset d'un lâcher-prise douloureux et dérangeant, comme peut aussi se forger et se fortifier la nôtre, si nous consentons à nous laisser déplacer et à sortir de nos préjugés sur ce qui doit être, sur les personnes censées pouvoir nous aider et être des médiations de l'action divine. L'heureuse issue de cette aventure nous incite donc à écouter sans préjugés et à ouvrir nos yeux pour reconnaître chez « l'étranger » à notre foi, à notre culture, à notre classe sociale, une capacité à transmettre la vie de Dieu et un modèle inspirant en matière de reconnaissance. Les Pères de l'Église ont lu la plongée de Naaman dans le Jourdain comme une figure du baptême qui guérit de la lèpre du péché, laquelle est le symbole de tout ce qui détruit notre intégrité sur le plan personnel et social et nous empêche de vivre dans l'action de grâce.

Le temps de la prière

« Acclamez le Seigneur, terre entière, sonnez, chantez, jouez. » (Ps 97, 4) ■

Emmanuelle Billoteau, ermite

DES IMAGES POUR LA FOI

28E DIMANCHE DU TEMPS ORDINAIRE

Plongé dans l'eau du Jourdain

Naaman plonge dans les eaux du Jourdain où sera baptisé le Christ. Sa guérison est une annonce du salut à venir.

Sous les yeux de ses soldats étonnés, le général syrien Naaman suit les recommandations du prophète Élisée : pour soigner son mal, il s'est dépouillé de ses vêtements et se lave dans l'eau du Jourdain (cf. 2 R 5, 14). La ressemblance de la scène avec le baptême du Christ n'est évidemment pas fortuite. Le fleuve est l'élément symbolique essentiel de l'image, il la structure en évoquant la forme de la croix. Ses eaux claires conduisent le regard au pied de la montagne à l'horizon où l'on distingue la silhouette d'une église. Elle figure le Temple d'où jaillit la source qui « assainit tout ce qu'elle pénètre » dont parle le prophète Ézékiel (Ez 47, 9). Cette eau qui vient du sanctuaire et qui purifie le général syrien de sa lèpre évoque aussi l'eau du baptême qui guérit l'homme de ses péchés. La nudité de Naaman rappelle celle du Christ, nouvel Adam, sur la Croix; la nouvelle Création est déjà en route, les arbres qui poussent « sur les deux rives » (Ez 47, 12) en sont le signe. Le Christ en sera à la fois le nouveau Temple et la Source d'eau vive : « Si quelqu'un a soif, qu'il vienne à moi, et qu'il boive, celui qui croit en moi ! » (Jn 7, 37-38). ■

Dominique Pierre

Élisée guérit Naaman le lépreux,
Miroir de l'Humaine Salvation (vélin), musée Condé, Chantilly (60).

LUNDI 13 OCTOBRE 2025

28E SEMAINE DU TEMPS ORDINAIRE COULEUR LITURGIQUE : VERT

Temps ordinaire, *suggestion d'oraisons et d'antiennes n° 31*

Antienne d'ouverture

Ne m'abandonne jamais, Seigneur,
mon Dieu, ne sois pas loin de moi.
Viens vite à mon aide, Seigneur, force de mon salut !
(cf. Ps 37, 22-23)

Prière

Dieu de puissance et de miséricorde, c'est ta grâce qui donne à tes fidèles de pouvoir dignement te servir ; nous t'en prions : accorde-nous de courir sans que rien nous arrête vers les biens que tu promets. Par Jésus… ***— Amen.***

Lecture

de la lettre de saint Paul apôtre aux Romains (1, 1-7)

« Nous avons reçu par le Christ grâce et mission d'Apôtre, afin d'amener à l'obéissance de la foi toutes les nations païennes »

Paul, serviteur du Christ Jésus, appelé à être Apôtre, mis à part pour l'Évangile de Dieu, à tous les bien-aimés de Dieu qui sont à Rome. Cet Évangile, que Dieu avait promis d'avance par ses prophètes dans les Saintes Écritures, concerne son Fils qui, selon la chair, est né de la descendance de David et, selon l'Esprit de sainteté, a été établi dans sa

puissance de Fils de Dieu par sa résurrection d'entre les morts, lui, Jésus Christ, notre Seigneur.
Pour que son nom soit reconnu, nous avons reçu par lui grâce et mission d'Apôtre, afin d'amener à l'obéissance de la foi toutes les nations païennes, dont vous faites partie, vous aussi que Jésus Christ a appelés.
À vous qui êtes appelés à être saints, la grâce et la paix de la part de Dieu notre Père et du Seigneur Jésus Christ.
– Parole du Seigneur.

Psaume 97 (98)

℟ ***Le Seigneur a fait connaître son salut.***

Chantez au Seigneur un chant nouveau,
car il a fait des merveilles ;
par son bras très saint,
par sa main puissante,
il s'est assuré la victoire. ℟

Le Seigneur a fait connaître sa victoire
et révélé sa justice aux nations ;
il s'est rappelé sa fidélité, son amour,
en faveur de la maison d'Israël. ℟

La terre tout entière a vu
la victoire de notre Dieu.
Acclamez le Seigneur, terre entière,
sonnez, chantez, jouez ! ℟

Acclamation de l'Évangile

Alléluia. Alléluia. Aujourd'hui, ne fermez pas votre cœur, mais écoutez la voix du Seigneur. ***Alléluia.***

Évangile de Jésus Christ
selon saint Luc (11, 29-32)

« À cette génération, il ne sera donné que le signe de Jonas »

En ce temps-là, comme les foules s'amassaient, Jésus se mit à dire : « Cette génération est une génération mauvaise : elle cherche un signe, mais en fait de signe il ne lui sera donné que le signe de Jonas. Car Jonas a été un signe pour les habitants de Ninive ; il en sera de même avec le Fils de l'homme pour cette génération. Lors du Jugement, la reine de Saba se dressera en même temps que les hommes de cette génération, et elle les condamnera. En effet, elle est venue des extrémités de la terre pour écouter la sagesse de Salomon, et il y a ici bien plus que Salomon. Lors du Jugement, les habitants de Ninive se lèveront en même temps que cette génération, et ils la condamneront ; en effet, ils se sont convertis en réponse à la proclamation faite par Jonas, et il y a ici bien plus que Jonas. »

Prière sur les offrandes
Seigneur, que ce sacrifice devienne pour toi une offrande pure, et pour nous, le don généreux et saint de ta miséricorde. Par le Christ, notre Seigneur. — ***Amen.***

Antienne de la communion
Tu m'apprends, Seigneur,
le chemin de la vie : devant ta face,
débordement de joie ! (Ps 15, 11)

OU

De même que le Père, qui est vivant,
m'a envoyé, et que moi je vis
par le Père, de même celui qui
me mange, lui aussi vivra par moi,
dit le Seigneur. (Jn 6, 57)

Prière après la communion
Nous t'en prions, Seigneur, augmente en nous la force de ton action, afin que, renouvelés par les sacrements du ciel, nous soyons préparés par ta grâce à recevoir les biens qu'ils promettent. Par le Christ, notre Seigneur. — ***Amen.***

INVITATION

Et si, en cette Semaine missionnaire je faisais un don à une œuvre missionnaire ?

COMMENTAIRE

Le seul signe Luc 11, 29-32

Le refus du Christ de donner un signe autre que sa résurrection invite chacun à s'interroger sur ses motivations quand il implore ce type de manifestation. Si Jésus fustige ses contemporains, c'est que leur demande ne sert qu'à différer le moment de prendre une position assumée à son égard et qu'ils cherchent à le mettre en position d'échec pour ruiner sa mission. À nous de nous demander si nous sommes prêts à mettre notre confiance en lui en nous fondant sur sa résurrection et ses promesses ! ■

***Emmanuelle Billoteau**, ermite*

MARDI 14 OCTOBRE 2025

28[E] SEMAINE DU TEMPS ORDINAIRE COULEUR LITURGIQUE : VERT

Temps ordinaire, *suggestion d'oraisons et d'antiennes n° 32*
ou **saint Calliste Ier**

Antienne d'ouverture

Que ma prière parvienne jusqu'à toi ;
ouvre ton oreille à ma plainte, Seigneur.
(cf. Ps 87, 3)

Prière

Dieu de puissance et de miséricorde, éloigne de nous, dans ta bonté, tout ce qui nous arrête, afin que sans aucune entrave, ni d'esprit ni de corps, nous accomplissions d'un cœur libre ce qui vient de toi. Par Jésus… — ***Amen.***

Lecture

de la lettre de saint Paul apôtre aux Romains (1, 16-25)

« Malgré leur connaissance de Dieu,
ils ne lui ont pas rendu la gloire que l'on doit à Dieu »

Frères, je n'ai pas honte de l'Évangile, car il est puissance de Dieu pour le salut de quiconque est devenu croyant, le Juif d'abord, et le païen. Dans cet Évangile se révèle la justice donnée par Dieu, celle qui vient de la foi et conduit à la foi, comme il est écrit : *Celui qui est juste par la foi, vivra.*
Or la colère de Dieu se révèle du haut du ciel contre toute impiété et contre toute injustice des hommes qui, par

leur injustice, font obstacle à la vérité. En effet, ce que l'on peut connaître de Dieu est clair pour eux, car Dieu le leur a montré clairement. Depuis la création du monde, on peut voir avec l'intelligence, à travers les œuvres de Dieu, ce qui de lui est invisible : sa puissance éternelle et sa divinité. Ils n'ont donc pas d'excuse, puisque, malgré leur connaissance de Dieu, ils ne lui ont pas rendu la gloire et l'action de grâce que l'on doit à Dieu. Ils se sont laissé aller à des raisonnements sans valeur, et les ténèbres ont rempli leurs cœurs privés d'intelligence. Ces soi-disant sages sont devenus fous ; ils ont échangé la gloire du Dieu impérissable contre des idoles représentant l'être humain périssable ou bien des volatiles, des quadrupèdes et des reptiles.

Voilà pourquoi, à cause des convoitises de leurs cœurs, Dieu les a livrés à l'impureté, de sorte qu'ils déshonorent eux-mêmes leur corps. Ils ont échangé la vérité de Dieu contre le mensonge ; ils ont vénéré la création et lui ont rendu un culte plutôt qu'à son Créateur, lui qui est béni éternellement. Amen. – Parole du Seigneur.

Psaume 18A (19)

℟ ***Les cieux proclament la gloire de Dieu.***

Les cieux proclament la gloire de Dieu,
le firmament raconte l'ouvrage de ses mains.
Le jour au jour en livre le récit
et la nuit à la nuit
en donne connaissance. ℟

Pas de paroles dans ce récit,
pas de voix qui s'entende ;
mais sur toute la terre
en paraît le message
et la nouvelle, aux limites du monde. ℟

Acclamation de l'Évangile

Alléluia. Alléluia. Elle est vivante, efficace, la parole de Dieu ; elle juge des intentions et des pensées du cœur. ***Alléluia.***

Évangile de Jésus Christ

selon saint Luc (11, 37-41)

« Donnez plutôt en aumône ce que vous avez, et alors tout sera pur pour vous »

En ce temps-là, pendant que Jésus parlait, un pharisien l'invita pour le repas de midi. Jésus entra chez lui et prit place. Le pharisien fut étonné en voyant qu'il n'avait pas fait d'abord les ablutions précédant le repas. Le Seigneur lui dit : « Bien sûr, vous les pharisiens, vous purifiez l'extérieur de la coupe et du plat, mais à l'intérieur de vous-mêmes vous êtes remplis de cupidité et de méchanceté. Insensés ! Celui qui a fait l'extérieur n'a-t-il pas fait aussi l'intérieur ? Donnez plutôt en aumône ce que vous avez, et alors tout sera pur pour vous. »

Prière sur les offrandes

Sur les offrandes que nous présentons pour le sacrifice, nous t'en prions, Seigneur, jette un regard favorable, afin que, par la ferveur de notre amour, nous obtenions ce que nous célébrons dans le mystère de la passion de ton Fils. Lui qui… ***— Amen.***

Antienne de la communion

Le Seigneur est mon berger : je ne manque de rien. Sur des prés d'herbe fraîche, il me fait reposer. Il me mène vers les eaux tranquilles et me fait revivre. (Ps 22, 1-2)

OU

Les disciples reconnurent le Seigneur Jésus à la fraction du pain, alléluia. (cf. Lc 24, 35)

Prière après la communion

Fortifiés par le don très saint que tu nous fais, Seigneur, nous te rendons grâce et nous implorons ta bonté : que, par le don de ton Esprit, ceux qui ont reçu la force d'en haut aient la grâce de persévérer dans la droiture. Par le Christ, notre Seigneur. — ***Amen.***

INVITATION

« Je n'ai pas honte de l'Évangile », nous dit saint Paul. Quelle phrase de l'Évangile ai-je envie d'envoyer à un ami ?

COMMENTAIRE

Demandez le programme ! Luc 11, 37-41

Jésus s'attaque au légalisme qui menace tous les croyants, y compris les chrétiens. Il nous invite à aller plus loin que les rites et les pratiques et à veiller sur notre cœur, car « c'est de lui que jaillit la vie » (Pr 4, 23). Opérer un travail intérieur pour ne pas se laisser dominer par ces passions que sont la cupidité et la méchanceté, se laisser purifier le cœur par l'Esprit qui fait toutes choses nouvelles : tel est le programme proposé par Jésus à tout un chacun. ■

***Emmanuelle Billoteau**, ermite*

MERCREDI 15 OCTOBRE 2025

28^E SEMAINE DU TEMPS ORDINAIRE COULEUR LITURGIQUE : BLANC

Sainte Thérèse d'Avila

1515-1582. Femme d'action et de contemplation, elle réforma le Carmel qui s'était éloigné de la règle primitive. Auteur de chefs-d'œuvre de la littérature mystique. Docteur de l'Église.

Antienne d'ouverture

Comme un cerf altéré cherche l'eau vive, ainsi mon âme te cherche, toi, mon Dieu. Mon âme a soif de Dieu, le Dieu vivant. (Ps 41, 2-3)

Prière

Seigneur Dieu, tu as suscité par ton Esprit sainte Thérèse de Jésus pour montrer à l'Église le chemin de la perfection qu'elle doit rechercher ; fais-nous trouver notre nourriture dans sa doctrine spirituelle et brûler du désir d'une vraie sainteté. Par Jésus… ***— Amen.***

Lecture

de la lettre de saint Paul apôtre aux Romains (2, 1-11)

« Il rendra à chacun selon ses œuvres,
le Juif d'abord, et le païen »

Toi, l'homme qui juge, tu n'as aucune excuse, qui que tu sois : quand tu juges les autres, tu te condamnes toi-même car tu fais comme eux, toi qui juges. Or, nous savons que Dieu juge selon la vérité ceux qui font de telles choses. Et toi, l'homme qui juge ceux qui font de telles choses et les fais toi-même, penses-tu échapper au jugement de Dieu ? Ou bien méprises-tu ses trésors de bonté, de longanimité et de patience, en refusant de reconnaître que cette bonté de Dieu te pousse à la conversion ? Avec ton cœur endurci, qui ne veut pas se convertir, tu accumules la colère contre toi pour ce jour de colère, où sera révélé le juste jugement de Dieu, lui qui rendra à chacun selon ses œuvres. Ceux qui font le bien avec persévérance et recherchent ainsi la gloire, l'honneur et une existence impérissable, recevront la vie éternelle ; mais les intrigants, qui se refusent à la vérité pour se donner à l'injustice, subiront la colère et la fureur.

Oui, détresse et angoisse pour tout homme qui commet le mal, le Juif d'abord, et le païen. Mais gloire, honneur et paix pour quiconque fait le bien, le Juif d'abord, et le païen. Car Dieu est impartial.

– Parole du Seigneur.

Psaume 61 (62)

℟ ***Seigneur, tu rends à chacun selon ce qu'il fait !***

Je n'ai mon repos qu'en Dieu seul ;
oui, mon espoir vient de lui.
Lui seul est mon rocher, mon salut,
ma citadelle : je reste inébranlable. ℟

Mon salut et ma gloire
se trouvent près de Dieu.
Chez Dieu, mon refuge,
mon rocher imprenable ! ℟

Comptez sur lui en tous temps,
vous, le peuple.
Devant lui épanchez votre cœur :
Dieu est pour nous un refuge. ℟

Acclamation de l'Évangile

Alléluia. Alléluia. Mes brebis écoutent ma voix, dit le Seigneur ; moi, je les connais, et elles me suivent. ***Alléluia.***

Évangile de Jésus Christ

selon saint Luc (11, 42-46)

« Quel malheur pour vous, pharisiens !
Vous aussi, les docteurs de la Loi, malheureux êtes-vous ! »

En ce temps-là, Jésus disait : « Quel malheur pour vous, pharisiens, parce que vous payez la dîme sur toutes les plantes du jardin, comme la menthe et la rue, et vous passez à côté du jugement et de l'amour de Dieu. Ceci, il fallait l'observer, sans abandonner cela. Quel malheur pour vous, pharisiens, parce que vous aimez le premier siège dans les synagogues, et les salutations sur les places publiques. Quel malheur pour vous, parce que vous êtes comme ces tombeaux qu'on ne voit pas et sur lesquels on marche sans le savoir. »
Alors un docteur de la Loi prit la parole et lui dit : « Maître, en parlant ainsi, c'est nous aussi que tu insultes. » Jésus reprit : « Vous aussi, les docteurs de la Loi, malheureux êtes-vous, parce que vous chargez les gens de fardeaux impossibles à porter, et vous-mêmes, vous ne touchez même pas ces fardeaux d'un seul doigt. »

Prière sur les offrandes

Que nos offrandes puissent te plaire, Dieu de majesté, toi qui acceptas si volontiers l'hommage de l'amour empressé de sainte Thérèse. Par le Christ, notre Seigneur. ***— Amen.***

Antienne de la communion

L'amour du Seigneur,
sans fin je le chante ; ta fidélité,
je l'annonce d'âge en âge.
(Ps 88, 2)

Prière après la communion

Seigneur notre Dieu, donne à la famille de ceux qui te servent, déjà rassasiée par le pain du ciel, de connaître, comme sainte Thérèse, la joie de chanter ta miséricorde pour l'éternité. Par le Christ, notre Seigneur. ***— Amen.***

INVITATION

En cette fête de sainte Thérèse d'Avila, je confie au Seigneur tous ceux qui ont pour mission dans l'Église d'enseigner, de prêcher, de catéchiser, de former.

COMMENTAIRE

L'affaire d'une vie Luc 11, 42-46

Travailler sur soi pour ne pas demander aux autres ce que nous n'accomplissons pas, ni chercher à épater la galerie, ni s'attacher à des pratiques secondaires et oublier l'essentiel (la justice et l'amour de Dieu) est l'affaire de toute une vie. Ce qui suppose une attention à soi-même à la lumière de la parole de Dieu, une disponibilité à l'Esprit. Sans oublier la prière, qui nous donne de goûter combien le Seigneur est bon – une expérience susceptible d'étayer notre détermination ! ■

***Emmanuelle Billoteau,** ermite*

JEUDI 16 OCTOBRE 2025

28^E SEMAINE DU TEMPS ORDINAIRE COULEUR LITURGIQUE : VERT

Temps ordinaire, *suggestion d'oraisons et d'antiennes n° 33*
ou **sainte Marguerite-Marie Alacoque,** *voir p. 115*
ou **sainte Edwige**

Antienne d'ouverture

Mes pensées, dit le Seigneur, sont des pensées de paix et non de malheur. Vous m'invoquerez, je vous écouterai, et de partout je ramènerai vos captifs.

(Jr 29, 11.12.14)

Prière

Seigneur notre Dieu, nous t'en prions : accorde-nous la joie de t'appartenir sans réserve, car c'est un bonheur durable et profond de servir constamment le créateur de tout bien. Par Jésus… — ***Amen.***

Lecture

de la lettre de saint Paul apôtre aux Romains (3, 21-30)

« L'homme devient juste par la foi, indépendamment de la pratique de la Loi »

Frères, aujourd'hui, indépendamment de la Loi, Dieu a manifesté en quoi consiste sa justice : la Loi et les prophètes en sont témoins. Et cette justice de Dieu, donnée par la foi en Jésus Christ, elle est offerte à tous ceux qui croient. En effet, il n'y a pas de différence : tous les hommes ont péché, ils sont privés de la gloire de Dieu, et lui, gratuitement, les fait devenir justes par sa grâce, en vertu de la rédemption accomplie dans le

Christ Jésus. Car le projet de Dieu était que le Christ soit instrument de pardon, en son sang, par le moyen de la foi. C'est ainsi que Dieu voulait manifester sa justice, lui qui, dans sa longanimité, avait fermé les yeux sur les péchés commis autrefois. Il voulait manifester, au temps présent, en quoi consiste sa justice*, montrer qu'il est juste et rend juste celui qui a foi en Jésus. Alors, y a-t-il de quoi s'enorgueillir ? Absolument pas. Par quelle loi ? Par celle des œuvres que l'on pratique ? Pas du tout. Mais par la loi de la foi. En effet, nous estimons que l'homme devient juste par la foi, indépendamment de la pratique de la loi de Moïse. Ou bien, Dieu serait-il seulement le Dieu des Juifs ? N'est-il pas aussi le Dieu des nations ? Bien sûr, il est aussi le Dieu des nations, puisqu'il n'y a qu'un seul Dieu : il rendra justes en vertu de la foi ceux qui ont reçu la circoncision, et aussi, au moyen de la foi, ceux qui ne l'ont pas reçue.

– Parole du Seigneur.

Psaume 129 (130)

℟ ***Près du Seigneur est l'amour, près de lui abonde le rachat.***

Des profondeurs je crie vers toi, Seigneur,
Seigneur, écoute mon appel !
Que ton oreille se fasse attentive
au cri de ma prière ! ℟

Si tu retiens les fautes, Seigneur,
Seigneur, qui subsistera ?
Mais près de toi se trouve le pardon
pour que l'homme te craigne. ℟

J'espère le Seigneur de toute mon âme ;
je l'espère, et j'attends sa parole.
Mon âme attend le Seigneur
plus qu'un veilleur ne guette l'aurore. ℟

Acclamation de l'Évangile

Alléluia. Alléluia. Moi, je suis le Chemin, la Vérité et la Vie, dit le Seigneur. Personne ne va vers le Père sans passer par moi. ***Alléluia.***

Évangile de Jésus Christ

selon saint Luc (11, 47-54)

« Cette génération devra rendre compte du sang de tous les prophètes depuis le sang d'Abel jusqu'au sang de Zacharie »

En ce temps-là, Jésus disait : « Quel malheur pour vous, parce que vous bâtissez les tombeaux des prophètes, alors que vos pères les ont tués. Ainsi vous témoignez que vous approuvez les actes de vos pères, puisque eux-mêmes ont tué les prophètes, et vous, vous bâtissez leurs tombeaux. C'est pourquoi la Sagesse de Dieu elle-même a dit : Je leur enverrai des prophètes et des apôtres ; parmi eux, ils en tueront et en persécuteront. Ainsi cette génération devra rendre compte du sang de tous les prophètes qui a été versé depuis la fondation du monde, depuis le sang d'Abel jusqu'au sang de Zacharie, qui a péri entre l'autel et le sanctuaire. Oui, je vous le déclare : on en demandera compte à cette génération. Quel malheur pour vous, docteurs de la Loi, parce que vous avez enlevé la clé de la connaissance ; vous-mêmes n'êtes pas entrés, et ceux qui voulaient entrer, vous les en avez empêchés. »

Quand Jésus fut sorti de la maison, les scribes* et les pharisiens commencèrent à s'acharner contre lui et à le harceler de questions ; ils lui tendaient des pièges pour traquer la moindre de ses paroles.

Prière sur les offrandes

Nous t'en prions, Seigneur, Dieu de majesté : regarde les présents que nous t'offrons, et permets qu'ils nous obtiennent la grâce de te servir et de parvenir ainsi à l'éternité bienheureuse. Par le Christ, notre Seigneur. — ***Amen.***

Antienne de la communion

Pour moi, il est bon de m'attacher
à Dieu, de mettre mon espoir
dans le Seigneur, mon Dieu.
(cf. Ps 72, 28)

OU

Amen, je vous le dis :
tout ce que vous demandez
dans la prière,
croyez que vous l'avez obtenu,
et cela vous sera accordé,
dit le Seigneur. (Mc 11, 23-24)

Prière après la communion

Seigneur, nous avons reçu les dons que tu nous as faits dans ce sacrement, et nous te supplions humblement : ton Fils nous a demandé de les célébrer en mémoire de lui, qu'ils augmentent en nous la charité. Par le Christ, notre Seigneur. — ***Amen.***

INVITATION

Dans ma prière, je peux implorer l'Esprit
de m'indiquer ce qui peut changer en moi.

COMMENTAIRE

Une foi à cultiver Luc 11, 47-54

Priver autrui de la connaissance : voilà qui nous interroge sur la transmission de ce que nous avons nous-mêmes reçu quant à la foi et la vie en Christ. Voilà qui nous questionne également sur notre appétence à mieux connaître Dieu Père, Fils et Saint-Esprit grâce à la lecture assidue des Écritures, et aux diverses formations proposées. Car la prière et l'étude se fécondent mutuellement. En outre, comment rendre compte de la foi qui nous habite si nous la laissons en friche ? ■

***Emmanuelle Billoteau,** ermite*

❊ CLÉ DE LECTURE

« Sa justice » Romains 3, 25 *(p. 111)*

Quelle est cette « justice » de Dieu, que Paul met au cœur de l'action de Jésus le Christ pour nous ? Il répond ici : c'est l'humanité entière, refermée sur elle-même, sur sa volonté de puissance et ses mensonges mortifères, qui est visée ; une humanité représentée par ses deux composantes, les Juifs circoncis et les nations, les non-circoncis. Tous sont « privés » de la gloire de Dieu, c'est ainsi que le juif Paul voit l'être humain lorsqu'il se détourne de Dieu, du rayonnement de son amour. Mais grâce à Jésus Christ et en lui, Dieu se réajuste cette humanité abîmée, il la redresse dans la résurrection du Fils et fait de tous les humains des « justes » : ils peuvent désormais sans crainte se tourner vers lui et mettre en lui leur confiance, leur foi. ■

***Roselyne Dupont-Roc,** bibliste*

Sainte Marguerite-Marie Alacoque

Couleur liturgique : blanc

1647-1690. Visitandine de Paray-le-Monial. Malgré bien des obstacles, elle répondit à la demande de Jésus d'établir et de répandre la dévotion à son Sacré-Cœur.

Antienne d'ouverture

Réjouissons-nous, exultons,
parce que le Seigneur de l'univers
a aimé la bienheureuse Marguerite-Marie, vierge sainte et glorieuse.

Prière

Répands sur nous, Seigneur, l'Esprit que tu as donné en abondance à sainte Marguerite-Marie : alors nous pourrons connaître, nous aussi, l'amour du Christ qui surpasse toute connaissance, nous serons comblés, et nous entrerons dans la plénitude de Dieu. Par Jésus… **— Amen.**

Prière sur les offrandes

Fais-nous recueillir, Seigneur, les fruits de l'offrande qui t'est consacrée, afin qu'à l'exemple de sainte Marguerite-Marie, nous soyons purifiés du vieillissement lié à notre condition terrestre et renouvelés par nos progrès dans la vie spirituelle. Par le Christ, notre Seigneur. **— Amen.**

Antienne de la communion

Les cinq jeunes filles prévoyantes
avaient pris, avec leurs lampes,
des flacons d'huile. Au milieu de
la nuit, il y eut un cri : « Voici l'époux
qui vient ! Sortez à la rencontre
du Christ Seigneur. » (cf. Mt 25, 4.6)

Prière après la communion

Seigneur, que la communion au corps et au sang de ton Fils unique nous détache des réalités passagères ; ainsi nous serons capables, à l'exemple de sainte Marguerite-Marie, de te servir sur la terre par une vraie charité et de connaître au ciel la joie de te contempler sans fin. Par le Christ, notre Seigneur. **— Amen.**

VENDREDI 17 OCTOBRE 2025

28E SEMAINE DU TEMPS ORDINAIRE COULEUR LITURGIQUE : ROUGE

Saint Ignace d'Antioche

Ier-IIe siècles. Évêque d'Antioche pendant quarante ans. Très âgé, il fut arrêté, conduit à Rome et jeté aux fauves. Auteur de sept lettres d'une grande valeur historique et doctrinale.

Antienne d'ouverture

Avec le Christ, je suis fixé à la croix : je vis, mais ce n'est plus moi, c'est le Christ qui vit en moi. Je vis dans la foi au Fils de Dieu qui m'a aimé et s'est livré lui-même pour moi. (cf. Ga 2, 19-20)

Prière

Dieu éternel et tout-puissant, par le témoignage des saints martyrs, tu embellis ta sainte Église, corps de ton Fils ; nous t'en prions : de même que la passion du bienheureux Ignace d'Antioche, célébrée en ce jour, lui valut une gloire éternelle, fais qu'elle nous procure aussi ta protection à jamais. Par Jésus… — ***Amen.***

Lecture

de la lettre de saint Paul apôtre aux Romains (4, 1-8)

« Abraham eut foi en Dieu, et il lui fut accordé d'être juste »

Frères, que dirons-nous d'Abraham, notre ancêtre selon la chair ? Qu'a-t-il obtenu ? Si Abraham était devenu un homme juste par la pratique des œuvres, il aurait pu en tirer fierté, mais pas devant Dieu. Or, que dit l'Écriture ? *Abraham eut foi en Dieu, et il lui fut accordé d'être juste.* Si quelqu'un accomplit un travail, son salaire ne lui est pas accordé comme un don gratuit, mais comme un dû. Au contraire, si quelqu'un, sans rien

accomplir, a foi en Celui qui rend juste l'homme impie, il lui est accordé d'être juste par sa foi. C'est ainsi que le psaume de David proclame heureux l'homme à qui Dieu accorde d'être juste, indépendamment de la pratique des œuvres : *Heureux ceux dont les offenses ont été remises, et les péchés, effacés. Heureux l'homme dont le péché n'est pas compté par le Seigneur.*

– Parole du Seigneur.

Psaume 31 (32)

℟ ***Tu es un refuge pour moi; de chants de délivrance, tu m'as entouré.***

Heureux l'homme dont la faute est enlevée,
et le péché remis !
Heureux l'homme dont le Seigneur
ne retient pas l'offense,
dont l'esprit est sans fraude ! ℟

Je t'ai fait connaître ma faute,
je n'ai pas caché mes torts.
J'ai dit : « Je rendrai grâce au Seigneur
en confessant mes péchés. » ℟

Toi, tu as enlevé l'offense de ma faute.
Que le Seigneur soit votre joie !
Exultez, hommes justes !
Hommes droits,
chantez votre allégresse ! ℟

Acclamation de l'Évangile

Alléluia. Alléluia. Que ton amour, Seigneur, soit sur nous comme notre espoir est en toi ! ***Alléluia.***

VENDREDI 17 OCTOBRE 2025

Évangile de Jésus Christ

selon saint Luc (12, 1-7)

« Les cheveux de votre tête sont tous comptés »

En ce temps-là, comme la foule s'était rassemblée par milliers au point qu'on s'écrasait, Jésus, s'adressant d'abord à ses disciples, se mit à dire : « Méfiez-vous du levain des pharisiens, c'est-à-dire de leur hypocrisie. Tout ce qui est couvert d'un voile sera dévoilé, tout ce qui est caché sera connu. Aussi tout ce que vous aurez dit dans les ténèbres sera entendu en pleine lumière, ce que vous aurez dit à l'oreille dans le fond de la maison sera proclamé sur les toits. Je vous le dis, à vous mes amis : Ne craignez pas ceux qui tuent le corps, et après cela ne peuvent rien faire de plus. Je vais vous montrer qui vous devez craindre : craignez celui qui, après avoir tué, a le pouvoir d'envoyer dans la géhenne. Oui, je vous le dis : c'est celui-là que vous devez craindre. Est-ce que l'on ne vend pas cinq moineaux pour deux sous. Or pas un seul n'est oublié au regard de Dieu. À plus forte raison les cheveux de votre tête sont tous comptés. Soyez sans crainte : vous valez plus qu'une multitude de moineaux. »

Prière sur les offrandes

Accepte, Seigneur, l'offrande que nous te présentons de tout cœur, toi qui as accueilli le bienheureux Ignace d'Antioche, froment du Christ, devenu par son martyre un pain très pur. Par le Christ, notre Seigneur. – ***Amen.***

Antienne de la communion
Saint Ignace disait :
« Je suis le froment de Dieu, je dois être moulu sous la dent des bêtes pour devenir le pain très pur du Christ. »

Prière après la communion
Seigneur, que le pain du ciel, reçu en la fête du bienheureux Ignace, refasse nos forces et nous donne d'être chrétiens, tant par le nom que par nos actes. Par le Christ, notre Seigneur.
— Amen.

INVITATION

À l'occasion de la Semaine missionnaire mondiale, je peux remercier le Seigneur pour la confiance qu'il me fait en m'envoyant en mission.

COMMENTAIRE

Aux yeux de Dieu Luc 12, 1-7

« Soyez sans crainte » : un propos sur lequel il est bon de s'arrêter en ces temps troublés. Peut-être pouvons-nous faire l'inventaire des peurs qui nous minent pour les présenter à la force guérissante de l'Esprit ? Sans oublier de méditer ce que, dans la ligne d'Isaïe, Jésus nous dit sur le prix que nous avons aux yeux de Dieu qui nous voit comme des personnes uniques (cf. Is 43, 4). Des paroles qui peuvent transformer durablement notre vie, quels qu'en soient les hauts et les bas. ■

***Emmanuelle Billoteau**, ermite*

SAMEDI 18 OCTOBRE 2025

COULEUR LITURGIQUE : ROUGE

Saint Luc

Ier siècle. Médecin à Antioche, il se convertit au Christ et accompagna saint Paul dans ses voyages missionnaires. Il est l'auteur du troisième évangile et des Actes des Apôtres.

Antienne d'ouverture

Comme ils sont beaux sur les montagnes, les pas du messager, celui qui annonce la paix, qui porte la bonne nouvelle, qui annonce le salut. (Is 52, 7)

Gloire à Dieu *(p. 208)*

Prière

Seigneur Dieu, tu as choisi le bienheureux Luc pour révéler, par sa parole et ses écrits, le mystère de ton amour envers les pauvres ; accorde à ceux qui se réclament de ton Nom d'être, dans la persévérance, un seul cœur et une seule âme, et donne à tous les peuples la grâce de voir ton salut. Par Jésus… — ***Amen.***

Lectures propres à la fête de saint Luc.

Lecture

de la deuxième lettre de saint Paul apôtre à Timothée (4, 10-17b)

« Luc est seul avec moi »

Bien-aimé, Démas m'a abandonné par amour de ce monde, et il est parti pour Thessalonique. Crescent est parti pour la Galatie, et Tite pour la Dalmatie. Luc est seul avec moi. Amène Marc avec toi, il m'est très utile pour le ministère. J'ai envoyé Tychique à Éphèse. En venant,

rapporte-moi le manteau que j'ai laissé à Troas chez Carpos. Apporte-moi aussi mes livres, surtout les parchemins. Alexandre, le forgeron, m'a fait beaucoup de mal. Le Seigneur lui rendra selon ses œuvres. Toi aussi, prends garde à cet individu, car il s'est violemment opposé à nos paroles. La première fois que j'ai présenté ma défense, personne ne m'a soutenu : tous m'ont abandonné. Que cela ne soit pas retenu contre eux. Le Seigneur, lui, m'a assisté. Il m'a rempli de force pour que, par moi, la proclamation de l'Évangile s'accomplisse jusqu'au bout et que toutes les nations l'entendent.
– Parole du Seigneur.

Psaume 144 (145)

℟ ***Que tes fidèles, Seigneur, disent la gloire de ton règne.***

Que tes œuvres, Seigneur, te rendent grâce
et que tes fidèles te bénissent !
Ils diront la gloire de ton règne,
ils parleront de tes exploits. ℟

Ils annonceront aux hommes tes exploits,
la gloire et l'éclat de ton règne :
ton règne, un règne éternel,
ton empire, pour les âges des âges. ℟

Le Seigneur est juste en toutes ses voies,
fidèle en tout ce qu'il fait.
Il est proche de ceux qui l'invoquent,
de tous ceux qui l'invoquent en vérité. ℟

Acclamation de l'Évangile

Alléluia. Alléluia. C'est moi qui vous ai choisis du milieu du monde, afin que vous alliez, que vous portiez du fruit, et que votre fruit demeure, dit le Seigneur. ***Alléluia.***

SAMEDI 18 OCTOBRE 2025

Évangile de Jésus Christ

selon saint Luc (10, 1-9)

« La moisson est abondante, mais les ouvriers sont peu nombreux »

En ce temps-là, parmi les disciples, le Seigneur en désigna encore 72, et il les envoya deux par deux, en avant de lui, en toute ville et localité où lui-même allait se rendre. Il leur dit : « La moisson est abondante, mais les ouvriers sont peu nombreux. Priez donc le maître de la moisson d'envoyer des ouvriers pour sa moisson. Allez ! Voici que je vous envoie comme des agneaux au milieu des loups. Ne portez ni bourse, ni sac, ni sandales, et ne saluez personne en chemin. Mais dans toute maison où vous entrerez, dites d'abord : "Paix à cette maison." S'il y a là un ami de la paix, votre paix ira reposer sur lui ; sinon, elle reviendra sur vous. Restez dans cette maison, mangeant et buvant ce que l'on vous sert ; car l'ouvrier mérite son salaire. Ne passez pas de maison en maison. Dans toute ville où vous entrerez et où vous serez accueillis, mangez ce qui vous est présenté. Guérissez les malades qui s'y trouvent et dites-leur : "Le règne de Dieu s'est approché de vous." »

Prière sur les offrandes

Par le don qui vient du ciel, accorde-nous, Seigneur, de te servir d'un cœur libre, afin que nos offrandes, présentées en la fête du bienheureux Luc, nous procurent la guérison et la gloire. Par le Christ, notre Seigneur. — ***Amen.***

2e préface des Apôtres, p. 214.

Antienne de la communion

Le Seigneur envoya ses disciples
pour annoncer dans les villes :
« Le règne de Dieu
s'est approché de vous. »
(cf. Lc 10, 1.9)

Prière après la communion

Nous t'en prions, Dieu tout-puissant : que les biens reçus à ton autel nous sanctifient ; qu'ils nous rendent plus forts dans la foi à l'Évangile que le bienheureux Luc a proclamé. Par le Christ, notre Seigneur. ***— Amen.***

INVITATION

Et si je lisais en entier l'évangile de Luc, fêté aujourd'hui ?

COMMENTAIRE

La singularité de Luc Luc 10, 1-9

La mission reçue du Christ ne peut être fondée que sur la prière et la disponibilité à l'Esprit, comme le montre si bellement l'œuvre de Luc (son évangile et les Actes des Apôtres). Il peut s'avérer fructueux de relire l'un ou l'autre de ses livres en suivant ces thématiques, sachant que Luc mentionne la prière ou l'Esprit là où les autres évangélistes n'en parlent pas. Une insistance qui nous rappelle le primat de la relation avec Dieu sur l'activité et les succès dont nous pouvons nous targuer. ■

Emmanuelle Billoteau, *ermite*

DIMANCHE 19 OCTOBRE 2025

29E DIMANCHE DU TEMPS ORDINAIRE

ANNÉE C – COULEUR LITURGIQUE : VERT

© Catherine Chion

« Le Fils de l'homme, quand il viendra, trouvera-t-il la foi sur la terre ? » Luc 18, 8

Prier sans se décourager ! À travers la parabole de la veuve qui ne cesse d'assommer le juge, le Christ nous invite à persévérer dans la prière, même si nous n'en voyons pas les résultats. Ne baissons pas les bras. Aucune prière n'est vaine. Lorsque notre cœur s'ouvre à la prière, le Seigneur nous mène sur un chemin d'espérance et de paix.

RITES INITIAUX

Chant d'entrée *(Suggestions p. 234)*
OU
Antienne d'ouverture
Je t'appelle, toi, le Dieu qui répond : écoute-moi,
entends ce que je dis. Garde-moi comme la prunelle de l'œil ;
à l'ombre de tes ailes, cache-moi. (Ps 16, 6.8)

Suggestion de préparation pénitentielle *(ou p. 206)*
Frères et sœurs, sans nous décourager à la vue de notre misère, préparons-nous à célébrer le mystère de l'eucharistie, en reconnaissant que nous avons péché.

Seigneur Jésus, toi notre secours, tu empêches notre pied de glisser. Seigneur, prends pitié.
— Seigneur, prends pitié.
Ô Christ, toi le gardien de nos jours, tu ne permets pas que le mal et le péché nous écrasent. Ô Christ, prends pitié.
— Ô Christ, prends pitié.
Seigneur, toi le Verbe fait chair, ta parole nous redresse et nous éduque dans la justice. Seigneur, prends pitié.
— Seigneur, prends pitié.

Que Dieu tout-puissant nous fasse miséricorde ; qu'il nous pardonne nos péchés et nous conduise à la vie éternelle. ***— Amen.***

Gloire à Dieu (p. 208)

Prière

Dieu éternel et tout-puissant, fais-nous toujours agir pour toi d'une volonté ardente, et servir ta gloire d'un cœur sans partage. Par Jésus… ***— Amen.***

LITURGIE DE LA PAROLE

Lecture du livre de l'Exode (17, 8-13)

« Quand Moïse tenait la main levée, Israël était le plus fort »

En ces jours-là, le peuple d'Israël marchait à travers le désert. Les Amalécites survinrent et attaquèrent Israël à Rephidim. Moïse dit alors à Josué : « Choisis des hommes, et va combattre les Amalécites. Moi, demain, je me tiendrai sur le sommet de la colline, le bâton de Dieu à la main. » Josué fit ce que Moïse avait dit : il mena le combat contre les Amalécites. Moïse, Aaron et Hour étaient montés au sommet de la colline. Quand Moïse tenait la main levée, Israël était le plus fort. Quand il la laissait retomber, Amalec était le plus fort. Mais les mains de Moïse s'alourdissaient ; on prit une pierre, on la plaça derrière lui, et il s'assit dessus. Aaron et Hour lui soutenaient les mains, l'un d'un côté, l'autre de l'autre. Ainsi les mains de Moïse restèrent fermes jusqu'au coucher du soleil. Et Josué triompha des Amalécites au fil de l'épée. – Parole du Seigneur.

Psaume 120 (121)

℟ *Le secours me viendra du Seigneur qui a fait le ciel et la terre.*

T. : AELF; M. : J.-P. Hervy; Éd. : ADF.

Je lève les yeux vers les montagnes :
d'où le secours me viendra-t-il ?
Le secours me viendra du Seigneur
qui a fait le ciel et la terre. ℟

Qu'il empêche ton pied de glisser,
qu'il ne dorme pas, ton gardien.
Non, il ne dort pas, ne sommeille pas,
le gardien d'Israël. ℟

Écoutez ce psaume sur
www.prionseneglise.fr/
messe-du-dimanche

℟ ***Le secours me viendra du Seigneur qui a fait le ciel et la terre.***

Le Seigneur, ton gardien, le Seigneur, ton ombrage,
se tient près de toi.
Le soleil, pendant le jour, ne pourra te frapper,
ni la lune, durant la nuit. ℟

Le Seigneur te gardera de tout mal,
il gardera ta vie.
Le Seigneur te gardera, au départ et au retour,
maintenant, à jamais. ℟

Lecture de la deuxième lettre de saint Paul apôtre à Timothée (3, 14 – 4, 2)

« Grâce à l'Écriture, l'homme de Dieu sera accompli, équipé pour faire toute sorte de bien »

Bien-aimé, demeure ferme dans ce que tu as appris : de cela tu as acquis la certitude, sachant bien de qui tu l'as appris. Depuis ton plus jeune âge, tu connais les Saintes Écritures : elles ont le pouvoir de te communiquer la sagesse, en vue du salut par la foi que nous avons en Jésus Christ. Toute l'Écriture est inspirée par Dieu ; elle est utile pour enseigner, dénoncer le mal, redresser, éduquer dans la justice ; grâce à elle, l'homme de Dieu sera accompli, équipé pour faire toute sorte de bien.

Devant Dieu, et devant le Christ Jésus qui va juger les vivants et les morts, je t'en conjure, au nom de sa Manifestation et de son Règne : proclame la Parole, interviens à temps et à contretemps, dénonce le mal, fais des reproches, encourage, toujours avec patience et souci d'instruire. – Parole du Seigneur.

Acclamation de l'Évangile

Alléluia. Alléluia. Elle est vivante, efficace, la parole de Dieu ; elle juge des intentions et des pensées du cœur. ***Alléluia.***

T. : AELF ; M. : P. Robert.

Évangile de Jésus Christ selon saint Luc (18, 1-8)

« Dieu fera justice à ses élus qui crient vers lui »

En ce temps-là, Jésus disait à ses disciples une parabole sur la nécessité pour eux de toujours prier sans se décourager : « Il y avait dans une ville un juge qui ne craignait pas Dieu et ne respectait pas les hommes. Dans cette même ville, il y avait une veuve qui venait lui demander : “Rends-moi justice contre mon adversaire.” Longtemps il refusa ; puis il se dit : “Même si je ne crains pas Dieu et ne respecte personne, comme cette veuve commence à m'ennuyer, je vais lui rendre justice pour qu'elle ne vienne plus sans cesse m'assommer.” » Le Seigneur ajouta : « Écoutez bien ce que dit ce juge dépourvu de justice ! Et Dieu ne ferait pas justice à ses élus, qui crient vers lui jour et nuit ? Les fait-il attendre ? Je vous le déclare : bien vite, il leur fera justice. Cependant, le Fils de l'homme, quand il viendra, trouvera-t-il la foi sur la terre ? »

Homélie

Profession de foi *(p. 209)*

Suggestion de prière universelle

Le prêtre :

Comme la veuve de l'Évangile, implorons sans nous décourager. Avec confiance, prions Dieu notre Père pour tous les habitants du monde.

℟ ***Dieu de tendresse, souviens-toi de nous.***

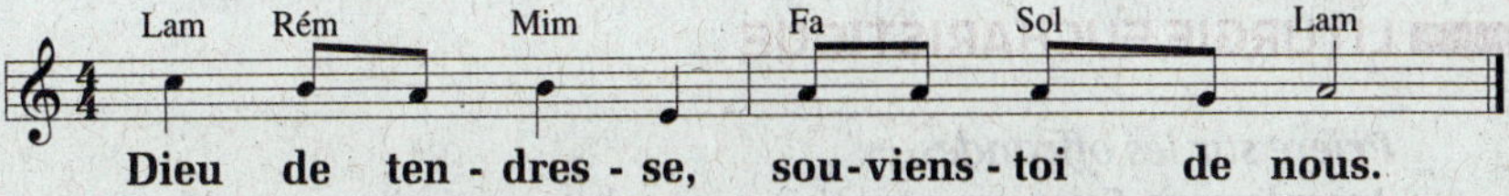

Y 55 SM.

Le diacre ou un lecteur :

Loué sois-tu, Seigneur, pour ta parole qui nous enseigne, nous guide, nous éclaire. Pour les évêques, les prêtres, les diacres, les catéchistes, les théologiens, ensemble, prions le Seigneur. ℟

Loué sois-tu, Seigneur, pour les gardiens de la justice et de l'équité. Pour les juges, les avocats, les juristes et tous les professionnels du droit, ensemble, prions le Seigneur. ℟

Loué sois-tu, Seigneur, pour les associations, les professionnels et les bénévoles qui accompagnent les prisonniers. Pour les détenus et leur famille, ensemble, prions le Seigneur. ℟

Loué sois-tu, Seigneur, pour toutes les solidarités qui se vivent dans notre paroisse. Pour celles et ceux qui, parmi nous, traversent de lourdes épreuves, ensemble, prions le Seigneur. ℟

(Ces intentions seront adaptées ou modifiées selon les circonstances. On peut aussi s'inspirer de l'intention universelle du Saint-Père, p. 6.)

Le prêtre :

Dieu notre Père, toi qui te laisses émouvoir par nos cris et nos prières, daigne-nous exaucer, par le Christ, notre Seigneur. **— *Amen.***

LITURGIE EUCHARISTIQUE

Prière sur les offrandes

Accorde-nous, Seigneur, nous t'en prions, de te servir d'un cœur libre en te présentant ces dons ; puissions-nous, par un effet de ta grâce, être purifiés par ces mystères que nous célébrons. Par le Christ, notre Seigneur. **— *Amen.***

Prière eucharistique *(Préface des dimanches, p. 212)*

Chant de communion *(Suggestions p. 234)*

OU

Antienne de la communion

Le Seigneur veille sur ceux qui le craignent,
qui mettent leur espoir en sa miséricorde,
pour délivrer leur âme de la mort,
les nourrir aux jours de famine.
(cf. Ps 32, 18-19)

OU
Le Fils de l'homme est venu
pour donner sa vie en rançon pour la multitude.
(cf. Mc 10, 45)

Prière après la communion

Accorde-nous, Seigneur, nous t'en prions, de progresser en participant aux réalités du ciel ; ainsi, nous serons soutenus par tes bienfaits en ce temps et façonnés par ceux de l'éternité. Par le Christ, notre Seigneur. – ***Amen.***

RITE DE CONCLUSION

Bénédiction

Envoi

COMMENTAIRE DU DIMANCHE

Vincent Leclercq, prêtre assomptionnistes

Persévérer dans la prière

Jésus nous demande de prier sans cesse car Dieu fera justice à ses élus. Et il le fera même sans tarder. Mais il conclut avec une question inquiétante : « Le Fils de l'homme, quand il viendra, trouvera-t-il la foi sur la terre ? »
Serait-il en train de prédire qu'un jour, il n'y aura plus personne pour prier ? Ni assez de foi en nous pour prier sans se lasser ? Jésus rappelle ici le lien profond entre la foi et la prière. Sans la prière, la foi s'effondre. Et la prière manifeste que notre foi est vivante.
Cette veuve de l'évangile du jour avait une foi à déplacer les montagnes, une foi persévérante qui a finalement convaincu un juge sans cœur. Mais si sa requête n'avait pas été exaucée, comme celle de tant d'autres femmes qui ont prié pour un enfant ou la

guérison de leur époux, faudrait-il en conclure qu'elle n'avait pas assez la foi ? Non, car si la prière est bien liée à la foi, le fait d'être exaucé ne l'est pas nécessairement.
Notre prière ne suit pas toujours les chemins que nous désirons. Ne perdons pas confiance et ne doutons pas de notre foi. Elle nous dit que notre prière est entièrement dans les mains de Dieu. Lui sait très bien ce qu'il faut faire de notre prière. La prière nous soutient comme elle a fortifié cette veuve dans sa quête de justice. Elle est notre espérance fondée sur la parole de Jésus et son amour qui nous donne d'aimer « avec une grande patience » malgré les difficultés. Les mains de Dieu sont de bonnes mains.

Pour quelles demandes me suis-je lassé de prier ces derniers mois ?

Ne sont-elles pas aussi des situations où le Seigneur vient réclamer ma foi, mon espérance et ma charité ? ■

Prions en Église Junior

LIRE L'ÉVANGILE AVEC LES ENFANTS

CE QUE JE DÉCOUVRE

Jésus explique à ses disciples qu'il faut prier, même lorsqu'on n'en voit pas les effets.
Nous pouvons même insister, quand nous avons l'impression que Dieu ne nous entend pas. Dans la prière, nous parlons avec lui. Nous ne l'ennuyons jamais, il est toujours à l'écoute. Et **il nous répond, à sa façon.** Nous attendons sa réponse parce que nous comptons sur lui. C'est cela notre foi : mettre notre confiance en Dieu !

CE QUE JE VIS

Que demandes-tu à Dieu ? Pourquoi ?
Pourquoi faut-il insister auprès de Dieu ?
Installe-toi dans ton coin prière et écoute le chant de Taizé, *Mon âme se repose* (sur www.chantonseneglise.fr).

Texte : Pierre-Marie Leroy. Illustrations : Marcelino Truong

MÉDITATION BIBLIQUE

29[E] DIMANCHE DU TEMPS ORDINAIRE

Évangile selon saint Luc 18, 1-8

La foi sur la terre

L'Évangile nous montre la précision avec laquelle Jésus, maître spirituel, guide ses disciples.

Le temps de la préparation

« Les Apôtres dirent au Seigneur : “Augmente en nous la foi !” » (Lc 17, 5)

Le temps de l'observation

Jésus est confronté à des disciples qui veulent obtenir des choses. Ils souhaitent ne manquer de rien ou avoir des places d'honneur, du confort ou de la sécurité. Face à tout cela, Jésus rappelle que Dieu donne, que l'abondance est bien au rendez-vous. Comme le juge de la parabole, il entend et ne reste pas sourd aux suppliques qui lui sont faites pour de bonnes ou de mauvaises raisons. Mais il souligne aussi que l'absence d'inconfort n'est pas la finalité d'un chemin spirituel. La question posée est simple : « Le Fils de l'homme, quand il viendra, trouvera-t-il •••

••• la foi sur la terre ? » En interrogeant ainsi ses disciples, Jésus insiste sur le fait que croire en Dieu est un chemin et non un moyen pour satisfaire ses désirs. La foi consiste à faire confiance, à traverser ce qui fait sa vie en étant le plus serein possible sur le fait que Dieu n'en est pas absent. La foi est une relation et cette relation se suffit à elle-même.

Le temps de la méditation

Jésus s'intéresse à la confiance de ses disciples envers Dieu. Il ne s'inquiète pas de Dieu ni pour lui. Il se préoccupe plutôt de la façon dont les personnes qui le suivent peuvent mal comprendre ce qui est en jeu pour leur vie. Sa tâche n'est vraiment pas simple. Comment aider une personne à se laisser trouver par Dieu alors qu'elle tente par tous les moyens de contraindre Dieu à emprunter ses propres chemins ? Le danger est réel et consiste à passer à côté de la présence de Dieu tout en étant convaincu d'être à sa recherche. La question posée aux disciples vaut également pour nous. Il s'agit peut-être de commencer à nous détendre et à rentrer dans une forme de douceur dans notre relation à Dieu. Avoir foi en lui sur notre propre terre, c'est expérimenter comment il est déjà présent dans ce que nous vivons et l'en remercier gratuitement et simplement. Puis regarder avec attention ce que cela change.

Le temps de la prière

« Je lève les yeux vers les montagnes : d'où le secours me viendra-t-il ? Le secours me viendra du Seigneur qui a fait le ciel et la terre. » (Ps 120, 1-2) ■

Marie-Laure Durand, bibliste

L'ÉVÉNEMENT

Un diacre philippin en mission à Paris

Quoi ? Semaine missionnaire mondiale sur le thème : « Missionnaires de l'espérance parmi les peuples. »

Où ? Dans toute l'Église.

Quand ? Du 12 au 19 octobre.

Comment ? www.opm-france.org/tout-savoir/semaine-missionnaire-mondiale

Romel Bautista

D.R.

Prêtres et diacres venus d'Asie, d'Afrique et d'Amérique latine arrivent en Europe pour servir et annoncer l'Évangile. Envoyé en France en 2018 juste après ses premiers vœux, le frère Romel Bautista, jeune religieux assomptionniste, a été ordonné diacre en juin 2025. « Ma vocation est de suivre le Christ chaque jour et de servir, témoigne-t-il. Le diaconat prolonge cela dans l'annonce de l'Évangile par un ministère encore plus concret. » Il découvre une Église française à •••

Ordination de Romel, juin 2025

D.R.

••• la fois diverse et enracinée dans l'histoire, mais parfois éprouvée par la sécularisation. « Je crois que ma première mission, c'est d'écouter. D'apprendre, puis seulement de proposer la foi. L'écoute est première. Quand quelqu'un est écouté, l'affection naît et tout devient possible. » Depuis la rentrée, frère Romel est en mission à la paroisse Notre-Dame-des-Champs, Paris (VIe). Il note des différences culturelles dans l'expression de la foi : « Aux Philippines, la religiosité populaire est très forte. En France, on cherche davantage à comprendre et à approfondir. » Il y perçoit cependant une même soif : « On cherche à aimer et être aimé. » Pour lui, l'Église ne doit pas se refermer : « Ce n'est pas aux gens d'entrer dans nos cadres, c'est à nous d'aller à leur rencontre. » Il espère, dans la joie, aider chacun à se souvenir du cœur de l'Évangile : « Nous sommes enfants de Dieu. Ma mission est de l'annoncer à tous ceux que le Seigneur mettra sur ma route. » ■ **Sébastien Antoni**

LUNDI 20 OCTOBRE 2025

29E SEMAINE DU TEMPS ORDINAIRE COULEUR LITURGIQUE : VERT

Temps ordinaire, *suggestion d'oraisons et d'antiennes n° 34*

Antienne d'ouverture

Ce que dit le Seigneur, c'est la paix pour son peuple et ses fidèles, et pour ceux qui reviennent vers lui. (cf. Ps 84, 9)

Prière

Ranime, nous t'en prions, Seigneur, la volonté de tes fidèles, afin que, plus ardents à rechercher le fruit de l'action divine, ils obtiennent de ta bonté de plus puissants secours. Par Jésus… ***— Amen.***

Lecture

de la lettre de saint Paul apôtre aux Romains (4, 20-25)

« À nous aussi, cela sera accordé puisque nous croyons »

Frères, devant la promesse de Dieu, Abraham n'hésita pas, il ne manqua pas de foi, mais il trouva sa force dans la foi et rendit gloire à Dieu, car il était pleinement convaincu que Dieu a la puissance d'accomplir ce qu'il a promis. Et voilà pourquoi il lui fut accordé d'être juste. En disant que cela lui fut accordé, l'Écriture ne s'intéresse pas seulement à lui, mais aussi à nous, car cela nous sera accordé puisque nous croyons en Celui qui a ressuscité d'entre les morts Jésus notre Seigneur, livré pour nos fautes et ressuscité pour notre justification.
– Parole du Seigneur.

Cantique Luc 1, 69-70, 71-72, 73-75

℟ ***Béni soit le Seigneur, le Dieu d'Israël, car il a visité son peuple.***

Il a fait surgir la force qui nous sauve
dans la maison de David, son serviteur,
comme il l'avait dit par la bouche des saints,
par ses prophètes,
depuis les temps anciens : ℟

salut qui nous arrache à l'ennemi,
à la main de tous nos oppresseurs,
amour qu'il montre envers nos pères,
mémoire de son alliance sainte, ℟

serment juré à notre père Abraham
de nous rendre sans crainte,
afin que, délivrés de la main des ennemis,
nous le servions dans la justice
et la sainteté, en sa présence,
tout au long de nos jours. ℟

Acclamation de l'Évangile

Alléluia. Alléluia. Heureux les pauvres de cœur, car le royaume des Cieux est à eux ! ***Alléluia.***

Évangile de Jésus Christ

selon saint Luc (12, 13-21)

« Ce que tu auras accumulé, qui l'aura ? »

En ce temps-là, du milieu de la foule, quelqu'un demanda à Jésus : « Maître, dis à mon frère de partager avec moi notre héritage. » Jésus lui répondit : « Homme, qui donc m'a établi pour être votre juge

ou l'arbitre de vos partages ? » Puis, s'adressant à tous : « Gardez-vous bien de toute avidité, car la vie de quelqu'un, même dans l'abondance, ne dépend pas de ce qu'il possède. » Et il leur dit cette parabole : « Il y avait un homme riche, dont le domaine avait bien rapporté. Il se demandait : "Que vais-je faire ? Car je n'ai pas de place pour mettre ma récolte." Puis il se dit : "Voici ce que je vais faire : je vais démolir mes greniers, j'en construirai de plus grands et j'y mettrai tout mon blé et tous mes biens. Alors je me dirai à moi-même : Te voilà donc avec de nombreux biens à ta disposition, pour de nombreuses années. Repose-toi, mange, bois, jouis de l'existence." Mais Dieu lui dit : "Tu es fou : cette nuit même, on va te redemander ta vie. Et ce que tu auras accumulé, qui l'aura ?" Voilà ce qui arrive à celui qui amasse pour lui-même, au lieu d'être riche en vue de Dieu. »

Prière sur les offrandes

Accueille, Seigneur, les dons très saints que tu nous as demandé de consacrer à ton nom ; et pour qu'ils nous disposent à te plaire, fais-nous toujours obéir à tes commandements. Par le Christ, notre Seigneur. — ***Amen.***

Antienne de la communion

Louez le Seigneur, tous les peuples :
sa miséricorde envers nous
s'est montrée la plus forte.
(cf. Ps 116, 1-2)

OU

Je suis avec vous tous les jours,
jusqu'à la fin du monde,
dit le Seigneur.
(Mt 28, 20)

Prière après la communion

Nous t'en supplions, Dieu tout-puissant : ne permets pas que soient jamais séparés de toi ceux qui ont la joie de participer à ta vie divine. Par le Christ, notre Seigneur. — ***Amen.***

INVITATION

Les vacances de la Toussaint ont débuté, aurais-je le temps de prendre un moment à part pour contempler la Création, méditer et rendre grâce au Seigneur ?

COMMENTAIRE

Un peu de hauteur

Luc 12, 13-21

« Que le Seigneur se manifeste un peu plus et prenne mon parti » : telle est en quelque sorte la demande adressée aujourd'hui à Jésus. La foi réduite à un soutien et à un appui dans nos querelles. Mais le Christ ne s'y méprend pas ; il ne vient pas ajouter son grain de sel dans des situations embrouillées. Au contraire, il nous aide à prendre un peu de hauteur et à tout voir, non en vue de nos intérêts, mais « en vue de Dieu ». ■

Bertrand Lesoing, *prêtre de la communauté Saint-Martin*

MARDI 21 OCTOBRE 2025

29e SEMAINE DU TEMPS ORDINAIRE COULEUR LITURGIQUE : VERT

Temps ordinaire, *suggestion d'oraisons et d'antiennes n° 1*

Antienne d'ouverture

J'ai vu un homme qui siégeait sur un trône élevé ;
la multitude des anges l'adore en chantant d'une seule voix :
« Voici celui dont l'empire a un nom éternel. »

Prière

Aux appels de ton peuple en prière, réponds, Seigneur, en ta tendresse : donne à chacun la claire vision de ce qu'il doit faire et la force de l'accomplir. Par Jésus… — ***Amen.***

Lecture

de la lettre de saint Paul apôtre aux Romains (5, 12.15b.17-19.20b-21)

« Si par la faute d'un seul, la mort a établi son règne, combien plus régneront-ils dans la vie »

Frères, nous savons que par un seul homme, le péché est entré dans le monde, et que par le péché est venue la mort ; et ainsi, la mort est passée en tous les hommes, étant donné que tous ont péché. Si la mort a frappé la multitude par la faute d'un seul, combien plus la grâce de Dieu s'est-elle répandue en abondance sur la multitude, cette grâce qui est donnée en un seul homme, Jésus Christ. Si, en effet, à cause d'un seul homme, par la faute d'un seul, la mort a établi son règne, combien plus, à cause de

Jésus Christ et de lui seul, régneront-ils dans la vie, ceux qui reçoivent en abondance le don de la grâce qui les rend justes.
Bref, de même que la faute commise par un seul a conduit tous les hommes à la condamnation, de même l'accomplissement de la justice par un seul a conduit tous les hommes à la justification qui donne la vie. En effet, de même que par la désobéissance d'un seul être humain la multitude a été rendue pécheresse, de même par l'obéissance d'un seul la multitude sera-t-elle rendue juste. Là où le péché s'est multiplié, la grâce a surabondé. Ainsi donc, de même que le péché a établi son règne de mort, de même la grâce doit établir son règne en rendant juste pour la vie éternelle par Jésus Christ notre Seigneur.
– Parole du Seigneur.

Psaume 39 (40)

℟ ***Me voici, Seigneur, je viens faire ta volonté.***

Tu ne voulais ni offrande ni sacrifice,
tu as ouvert mes oreilles ;
tu ne demandais ni holocauste ni victime,
alors j'ai dit : « Voici, je viens. ℟

« Dans le livre, est écrit pour moi
ce que tu veux que je fasse.
Mon Dieu, voilà ce que j'aime :
ta loi me tient aux entrailles. » ℟

J'annonce la justice
dans la grande assemblée ;
vois, je ne retiens pas mes lèvres,
Seigneur, tu le sais. ℟

Tu seras l'allégresse et la joie
de tous ceux qui te cherchent ;
toujours ils rediront : « Le Seigneur est grand ! »
ceux qui aiment ton salut. ℟

Acclamation de l'Évangile

Alléluia. Alléluia. Restez éveillés et priez en tout temps : ainsi vous pourrez vous tenir debout devant le Fils de l'homme. ***Alléluia.***

Évangile de Jésus Christ

selon saint Luc (12, 35-38)

« Heureux les serviteurs que le maître, à son arrivée, trouvera en train de veiller »

En ce temps-là, Jésus disait à ses disciples : « Restez en tenue de service, votre ceinture autour des reins, et vos lampes allumées. Soyez comme des gens qui attendent leur maître à son retour des noces, pour lui ouvrir dès qu'il arrivera et frappera à la porte. Heureux ces serviteurs-là que le maître, à son arrivée, trouvera en train de veiller. Amen, je vous le dis : c'est lui qui, la ceinture autour des reins, les fera prendre place à table et passera pour les servir. S'il revient vers minuit ou vers trois heures du matin et qu'il les trouve ainsi, heureux sont-ils ! »

Prière sur les offrandes

Que l'offrande de ton peuple te soit agréable, nous t'en prions, Seigneur : qu'elle le fasse grandir en sainteté, et lui obtienne ce qu'il demande avec ferveur. Par le Christ, notre Seigneur. ***— Amen.***

Antienne de la communion

Seigneur, en toi est la source
de vie ; par ta lumière,
nous voyons la lumière.
(Ps 35, 10)

OU

Je suis venu pour qu'ils aient la vie,
la vie en abondance,
dit le Seigneur.
(Jn 10, 10)

Prière après la communion

Dieu tout-puissant, nous t'en supplions : tu refais nos forces par tes sacrements, donne-nous aussi de pouvoir dignement te servir par une vie qui te plaise. Par le Christ, notre Seigneur.
— Amen.

INVITATION

Je pourrais utiliser aujourd'hui l'un de mes talents pour être un témoin de l'Évangile : chanter à la messe, bricoler pour quelqu'un qui en a besoin, écouter…

COMMENTAIRE

Visites quotidiennes

Luc 12, 35-38

Le Seigneur s'approche : serons-nous prêts à lui ouvrir lorsqu'il frappera à la porte ? Car sa venue n'est pas seulement pour la fin des temps, elle se produit chaque jour. Une rencontre inattendue, une grâce de paix et de réconfort au cœur de l'épreuve, une visite donnée ou reçue sont autant de venues du Seigneur dans notre vie. À nous de lui réserver un accueil simple et fraternel ! ■

***Bertrand Lesoing**, prêtre de la communauté Saint-Martin*

MERCREDI 22 OCTOBRE 2025

29E SEMAINE DU TEMPS ORDINAIRE COULEUR LITURGIQUE : VERT

Temps ordinaire, *suggestion d'oraisons et d'antiennes n° 2*
ou **saint Jean-Paul II,** *voir p. 154*

Antienne d'ouverture

Toute la terre se prosterne devant toi, qu'elle chante pour toi, qu'elle chante un psaume pour ton nom, Dieu très-haut.

(cf. Ps 65, 4)

Prière

Dieu éternel et tout-puissant, qui régis et le ciel et la terre, exauce, en ta bonté, les supplications de ton peuple et donne à notre temps la paix qui vient de toi. Par Jésus… ***— Amen.***

Lecture

de la lettre de saint Paul apôtre aux Romains (6, 12-18)

« Présentez-vous à Dieu comme des vivants revenus d'entre les morts »

Frères, il ne faut pas que le péché règne dans votre corps mortel et vous fasse obéir à ses désirs. Ne présentez pas au péché les membres de votre corps comme des armes au service de l'injustice ; au contraire, présentez-vous à Dieu comme des vivants revenus d'entre les morts, présentez à Dieu vos membres comme des armes au service de la justice. Car le péché n'aura plus de pouvoir sur vous : en effet, vous n'êtes plus sujets de la Loi, vous êtes sujets de la grâce de Dieu. Alors ? Puisque nous

ne sommes pas soumis à la Loi mais à la grâce, allons-nous commettre le péché ? Pas du tout. Ne le savez-vous pas ? Celui à qui vous vous présentez comme esclaves pour lui obéir, c'est de celui-là, à qui vous obéissez, que vous êtes esclaves : soit du péché, qui mène à la mort, soit de l'obéissance à Dieu, qui mène à la justice. Mais rendons grâce à Dieu : vous qui étiez esclaves du péché, vous avez maintenant obéi de tout votre cœur au modèle présenté par l'enseignement qui vous a été transmis. Libérés du péché, vous êtes devenus esclaves de la justice. – Parole du Seigneur.

Psaume 123 (124)

℟ *Notre secours est dans le nom du Seigneur.*

Sans le Seigneur qui était pour nous
– qu'Israël le redise –
sans le Seigneur qui était pour nous
quand des hommes nous assaillirent,
alors ils nous avalaient tout vivants,
dans le feu de leur colère. ℟

Alors le flot passait sur nous,
le torrent nous submergeait ;
alors nous étions submergés
par les flots en furie.

Béni soit le Seigneur
qui n'a pas fait de nous
la proie de leurs dents ! ℟

Comme un oiseau, nous avons échappé
au filet du chasseur ;
le filet s'est rompu :
nous avons échappé.
Notre secours est dans
le nom du Seigneur
qui a fait le ciel et la terre. ℟

Acclamation de l'Évangile

Alléluia. Alléluia. Veillez, tenez-vous prêts : c'est à l'heure où vous n'y penserez pas que le Fils de l'homme viendra. ***Alléluia.***

Évangile de Jésus Christ

selon saint Luc (12, 39-48)

« À qui l'on a beaucoup donné, on demandera beaucoup »

En ce temps-là, Jésus disait à ses disciples : « Vous le savez bien : si le maître de maison avait su à quelle heure le voleur viendrait, il n'aurait pas laissé percer le mur de sa maison. Vous aussi, tenez-vous prêts : c'est à l'heure où vous n'y penserez pas que le Fils de l'homme viendra. »

Pierre dit alors : « Seigneur, est-ce pour nous que tu dis cette parabole, ou bien pour tous ? » Le Seigneur répondit : « Que dire de l'intendant fidèle et sensé à qui le maître confiera la charge de son personnel pour distribuer, en temps voulu, la ration de nourriture ? Heureux ce serviteur que son maître, en arrivant, trouvera en train d'agir ainsi ! Vraiment, je vous le déclare : il l'établira sur tous ses biens. Mais si le serviteur se dit en lui-même : "Mon maître tarde* à venir", et s'il se met à frapper les serviteurs et les servantes, à manger, à boire et à s'enivrer, alors quand le maître viendra, le jour où son serviteur ne s'y attend pas et à l'heure qu'il ne connaît pas, il l'écartera et lui fera partager le sort des infidèles. Le serviteur qui, connaissant la volonté de son maître, n'a rien préparé et n'a pas accompli cette volonté, recevra un grand nombre de coups. Mais celui qui ne la connaissait pas, et qui a mérité des coups pour sa conduite, n'en recevra qu'un petit nombre. À qui l'on a beaucoup donné, on demandera beaucoup ; à qui l'on a beaucoup confié, on réclamera davantage. »

Prière sur les offrandes

Accorde-nous, Seigneur, nous t'en prions, de participer dignement à ces mystères, car chaque fois qu'est célébré ce sacrifice en mémorial, c'est l'œuvre de notre rédemption qui s'accomplit. Par le Christ, notre Seigneur. — ***Amen.***

Antienne de la communion

Tu prépares la table pour moi ;
la coupe qui m'enivre, comme
elle est admirable ! (cf. Ps 22, 5)
OU
Nous avons reconnu l'amour
que Dieu a pour nous,
et nous y avons cru. (1 Jn 4, 16)

Prière après la communion

Répands en nous, Seigneur, ton Esprit de charité, afin d'unir dans un même amour ceux que tu as nourris du même pain du ciel. Par le Christ, notre Seigneur. — ***Amen.***

INVITATION

L'encyclique *Centisimus annus* de Jean-Paul II, fêté aujourd'hui, a été publiée pour le centenaire de *Rerum novarum,* par laquelle Léon XIII posait la Doctrine sociale de l'Église. Une occasion de la (re)lire à l'aune du pontificat de Léon XIV.

COMMENTAIRE

Le rythme de Dieu Luc 12, 39-48

« C'est à l'heure où vous n'y penserez pas que le Fils de l'homme viendra » : le temps de Dieu n'est pas notre temps. Nous le prions, l'invoquons instamment et nous nous heurtons au silence. Nous l'oublions et il se manifeste subitement. Le rythme de Dieu nous bouscule et nous désarçonne. Savoir accueillir avec autant de confiance ses apparents silences comme ses venues inattendues, voilà peut-être le vrai secret de la vie chrétienne ! ■ *Bertrand Lesoing, prêtre de la communauté Saint-Martin*

✣ CLÉ DE LECTURE

« Mon maître tarde » Luc 12, 45 *(p. 151)*

L'image du maître qui tarde à venir s'est développée chez les chrétiens qui espéraient une venue rapide du Seigneur après sa résurrection. Au début du IIe siècle, la seconde lettre de Pierre affronte les moqueries incrédules : le Seigneur ne viendra pas ! La réponse est ferme : « Le Seigneur patiente car il veut que tous parviennent à la conversion. » La vigilance requise des disciples est alors appel à la mission. Les temps ont changé, la menace de l'avenir envahit les esprits. Quel rôle les chrétiens ont-ils à jouer dans le sentiment généralisé d'une urgence menaçante ? Affirmer que celui qui vient viendra pour un salut et que tous sont concernés ! Comprendre à quel point ils sont responsables, eux qui ont reconnu l'amour de Dieu révélé en Jésus. ■ *Roselyne Dupont-Roc, bibliste*

Saint Jean-Paul II

Couleur liturgique : blanc

Le 22 octobre 1978, Karol Wojtyla était solennellement intronisé sous le nom de Jean-Paul II. Ce jour a été choisi pour la mémoire liturgique du grand pape polonais, canonisé le 27 avril 2014.

Antienne d'ouverture

Voici le grand prêtre qui pendant
sa vie fut agréable à Dieu.
C'est pourquoi le Seigneur a fait
serment de le faire grandir au milieu
de son peuple. (cf. Si 50, 1 ; 44, 16. 22)

Prière

Dieu, riche en miséricorde, tu as appelé le pape saint Jean-Paul II à guider ton Église répandue dans le monde entier ; accorde-nous, forts de son enseignement, d'ouvrir nos cœurs avec confiance à la grâce du salut apporté par le Christ, unique Rédempteur de l'homme. Lui qui… **— *Amen.***

Prière sur les offrandes

Accueille, Seigneur, le sacrifice de ton peuple en l'honneur de saint Jean-Paul II ; nous l'offrons pour te glorifier : qu'il contribue à notre salut éternel. Par le Christ, notre Seigneur.
— *Amen.*

Préface des saints pasteurs, p. 216.

Antienne de la communion

Le bon pasteur, le vrai berger,
a donné sa vie pour ses brebis.
(cf. Jn 10, 11)

Prière après la communion

Seigneur notre Dieu, que le sacrement reçu attise en nous le feu de la charité dont l'ardeur enflammait saint Jean-Paul II, et lui donnait de se dépenser sans relâche pour ton Église. Par le Christ, notre Seigneur. **— *Amen.***

JEUDI 23 OCTOBRE 2025

29E SEMAINE DU TEMPS ORDINAIRE COULEUR LITURGIQUE : VERT

Temps ordinaire, *suggestion d'oraisons et d'antiennes n° 3*
ou **saint Jean de Capistran**

Antienne d'ouverture
Chantez au Seigneur un chant nouveau,
chantez au Seigneur, terre entière.
Devant lui, splendeur et majesté,
dans son sanctuaire, puissance et beauté. (Ps 95, 1.6)

Prière
Dieu éternel et tout-puissant, dans ta bienveillance, dirige nos actions, afin qu'au nom de ton Fils bien-aimé, nous portions des fruits en abondance. Par Jésus…
— Amen.

Lecture

de la lettre de saint Paul apôtre aux Romains (6, 19-23)

« Maintenant, libérés du péché, vous êtes devenus les esclaves de Dieu »

Frères, j'emploie un langage humain, adapté à votre faiblesse. Vous aviez mis les membres de votre corps au service de l'impureté et du désordre, ce qui mène au désordre ; de la même manière, mettez-les à présent au service de la justice, ce qui mène à la sainteté. Quand vous étiez esclaves du péché, vous étiez libres par rapport aux exigences de la justice. Qu'avez-vous

19 - 25

récolté alors, à commettre des actes dont vous avez honte maintenant ? En effet, ces actes-là aboutissent à la mort. Mais maintenant que vous avez été libérés du péché et que vous êtes devenus les esclaves de Dieu, vous récoltez ce qui mène à la sainteté, et cela aboutit à la vie éternelle. Car le salaire du péché, c'est la mort; mais le don gratuit de Dieu, c'est la vie éternelle dans le Christ Jésus notre Seigneur.
– Parole du Seigneur.

Psaume 1

℟ ***Heureux est l'homme qui met sa foi dans le Seigneur.***

Heureux est l'homme
qui n'entre pas au conseil des méchants,
qui ne suit pas le chemin des pécheurs,
ne siège pas avec ceux qui ricanent,
mais se plaît dans la loi du Seigneur
et murmure sa loi jour et nuit ! ℟

Il est comme un arbre
planté près d'un ruisseau,
qui donne du fruit en son temps,
et jamais son feuillage ne meurt ;
tout ce qu'il entreprend réussira.
Tel n'est pas le sort des méchants. ℟

Mais ils sont comme la paille
balayée par le vent.
Le Seigneur connaît le chemin des justes,
mais le chemin des méchants se perdra. ℟

Acclamation de l'Évangile

Alléluia. Alléluia. J'ai tout perdu; je considère tout comme des ordures, afin de gagner un seul avantage, le Christ et, en lui, d'être reconnu juste. ***Alléluia.***

Évangile de Jésus Christ

selon saint Luc (12, 49-53)

« Pensez-vous que je sois venu mettre la paix sur la terre ? Non, je vous le dis, mais bien plutôt la division »

En ce temps-là, Jésus disait à ses disciples : « Je suis venu apporter un feu sur la terre, et comme je voudrais qu'il soit déjà allumé ! Je dois recevoir un baptême, et quelle angoisse est la mienne jusqu'à ce qu'il soit accompli ! Pensez-vous que je sois venu mettre la paix sur la terre ? Non, je vous le dis, mais bien plutôt la division. Car désormais cinq personnes de la même famille seront divisées : trois contre deux et deux contre trois ; ils se diviseront : le père contre le fils et le fils contre le père, la mère contre la fille et la fille contre la mère, la belle-mère contre la belle-fille et la belle-fille contre la belle-mère. »

Prière sur les offrandes

Accueille avec bienveillance nos présents, nous t'en prions, Seigneur : qu'ils soient sanctifiés et servent ainsi à notre salut. Par le Christ, notre Seigneur. ***— Amen.***

Antienne de la communion

Approchez du Seigneur : resplendissez de sa lumière, sans ombre ni trouble au visage. (cf. Ps 33, 6)

OU

Je suis la lumière du monde,
dit le Seigneur. Celui qui me suit
ne marchera pas dans les ténèbres :
il aura la lumière de la vie.
(Jn 8, 12)

Prière après la communion

Nous t'en prions, Dieu tout-puissant ; nous recevons de toi la grâce qui fait vivre : fais que nous trouvions toujours notre gloire dans ce que tu nous donnes. Par le Christ, notre Seigneur.
— Amen.

INVITATION

Je peux choisir un chant p. 234 pour accompagner ma prière aujourd'hui.

COMMENTAIRE

Frictions inévitables Luc 12, 49-53

« Non pas la paix sur la terre, mais bien plutôt la division. » Notre Dieu serait-il donc le Dieu de la zizanie et du conflit ? Est-ce cela l'Évangile du Christ ? Aussi difficiles soient-elles, ces paroles correspondent peut-être à des situations que nous connaissons dans nos familles ou nos communautés : ce qui devrait unir provoque la division. Ces frictions toutes humaines ont quelque chose d'inévitable mais nous savons qu'elles n'auront jamais le dernier mot ! ■

Bertrand Lesoing, *prêtre de la communauté Saint-Martin*

VENDREDI 24 OCTOBRE 2025

29E SEMAINE DU TEMPS ORDINAIRE COULEUR LITURGIQUE : VERT

Temps ordinaire, *suggestion d'oraisons et d'antiennes n° 4*
ou **saint Antoine-Marie Claret,** *voir p. 163*

Antienne d'ouverture

Sauve-nous, Seigneur notre Dieu ;
rassemble-nous du milieu des nations,
que nous rendions grâce à ton saint nom,
fiers de chanter ta louange ! (Ps 105, 47)

Prière

Accorde-nous, Seigneur notre Dieu, de pouvoir t'adorer de tout notre esprit, et d'avoir envers tous une vraie charité. Par Jésus… – ***Amen.***

Lecture

19 - 25

de la lettre de saint Paul apôtre aux Romains (7, 18-25a)

« Qui donc me délivrera de ce corps qui m'entraîne à la mort ? »

Frères, je sais que le bien n'habite pas en moi, c'est-à-dire dans l'être de chair que je suis. En effet, ce qui est à ma portée, c'est de vouloir le bien, mais pas de l'accomplir. Je ne fais pas le bien que je voudrais, mais je commets le mal que je ne voudrais pas. Si je fais le mal que je ne voudrais pas, alors ce n'est plus moi qui agis ainsi, mais c'est le péché, lui qui habite en moi. Moi qui voudrais faire le bien, je constate donc, en moi, cette loi : ce qui est à ma portée, c'est le mal. Au plus profond de

moi-même, je prends plaisir à la loi de Dieu. Mais, dans les membres de mon corps, je découvre une autre loi, qui combat contre la loi que suit ma raison et me rend prisonnier de la loi du péché présente dans mon corps. Malheureux homme que je suis ! Qui donc me délivrera de ce corps qui m'entraîne à la mort ? Mais grâce soit rendue à Dieu par Jésus Christ notre Seigneur !
– Parole du Seigneur.

Psaume 118 (119)

℟ ***Seigneur, apprends-moi tes commandements.***

Apprends-moi à bien saisir, à bien juger :
je me fie à tes volontés.
Toi, tu es bon, tu fais du bien :
apprends-moi tes commandements. ℟

Que j'aie pour consolation ton amour
selon tes promesses à ton serviteur !
Que vienne à moi ta tendresse, et je vivrai :
ta loi fait mon plaisir. ℟

Jamais je n'oublierai tes préceptes :
par eux tu me fais vivre.
Je suis à toi : sauve-moi,
car je cherche tes préceptes. ℟

Acclamation de l'Évangile

Alléluia. Alléluia. Tu es béni, Père, Seigneur du ciel et de la terre, tu as révélé aux tout-petits les mystères du Royaume ! ***Alléluia.***

Évangile de Jésus Christ

selon saint Luc (12, 54-59)

« Vous savez interpréter l'aspect de la terre et du ciel ; mais ce moment-ci, pourquoi ne savez-vous pas l'interpréter ? »

En ce temps-là, Jésus disait aux foules : « Quand vous voyez un nuage monter au couchant, vous dites aussitôt qu'il va pleuvoir, et c'est ce qui arrive. Et quand vous voyez souffler le vent du sud, vous dites qu'il fera une chaleur torride, et cela arrive. Hypocrites ! Vous savez interpréter l'aspect de la terre et du ciel ; mais ce moment-ci, pourquoi ne savez-vous pas l'interpréter ? Et pourquoi aussi ne jugez-vous pas par vous-mêmes ce qui est juste ? Ainsi, quand tu vas avec ton adversaire devant le magistrat, pendant que tu es en chemin mets tout en œuvre pour t'arranger avec lui, afin d'éviter qu'il ne te traîne devant le juge, que le juge ne te livre à l'huissier, et que l'huissier ne te jette en prison. Je te le dis : tu n'en sortiras pas avant d'avoir payé jusqu'au dernier centime. »

Prière sur les offrandes

Pour te servir, Seigneur, nous déposons nos présents sur ton autel : accueille-les favorablement, pour qu'ils deviennent le sacrement de notre rédemption. Par le Christ, notre Seigneur. **— *Amen.***

Antienne de la communion

Sur ton serviteur, que s'illumine
ta face ; sauve-moi dans ta miséricorde.
Seigneur, garde-moi d'être humilié,
car je t'ai invoqué. (cf. Ps 30, 17-18)

OU
Heureux les pauvres de cœur,
car le royaume des Cieux est à eux.
Heureux les doux, car ils recevront
la terre en héritage.
(Mt 5, 3.5)

Prière après la communion

Nous avons été fortifiés par le sacrement de notre rédemption, et nous t'en prions, Seigneur : que cette nourriture pour le salut éternel nous fasse progresser dans la foi véritable. Par le Christ, notre Seigneur. — ***Amen.***

INVITATION

Dans ma prière, j'associe le prénom des personnes que j'ai croisées cette semaine.

COMMENTAIRE

Interpréter ou discerner

Luc 12, 54-59

L'exercice est délicat : « interpréter », comme nous le demande aujourd'hui Jésus, ne revient-il pas à chercher de vaines explications ? À vouloir tout expliquer ? L'interprétation – ou, pour reprendre un terme équivalent, le discernement – est en réalité tout autre chose. Au cœur de situations parfois complexes, il s'agit de chercher les traces du passage de Dieu, la lumière de l'Évangile qui parvient à percer même les nuits les plus obscures. ■

***Bertrand Lesoing**, prêtre de la communauté Saint-Martin*

Saint Antoine-Marie Claret

Couleur liturgique : blanc

1807-1870. Missionnaire en Catalogne, archevêque de Santiago de Cuba, conseiller de la reine d'Espagne : le fondateur des Missionnaires Clarétains occupa toujours des postes exposés.

Antienne d'ouverture

Comme ils sont beaux
sur les montagnes, les pas du messager,
celui qui annonce la paix, qui porte
la bonne nouvelle, qui annonce
le salut. (Is 52, 7)

Prière

Seigneur Dieu, tu as donné à l'évêque saint Antoine-Marie Claret une charité et une patience admirables pour annoncer l'Évangile parmi les peuples ; par son intercession, accorde-nous de rechercher ce qui te plaît, et de nous engager de toutes nos forces à gagner nos frères au Christ. Lui qui… **— *Amen.***

Prière sur les offrandes

Sois favorable, Seigneur, à nos supplications et accorde-nous d'être libérés de toute faute : puissions-nous, par un effet de ta grâce, être purifiés par ces mystères que nous célébrons. Par le Christ, notre Seigneur. **— *Amen.***

Antienne de la communion

Allez dans le monde entier,
proclamez l'Évangile :
je suis avec vous tous les jours,
dit le Seigneur. (Mc 16, 15 ; Mt 28, 20)

Prière après la communion

Seigneur notre Dieu, que le sacrement reçu nourrisse en nous la foi enseignée par la prédication des Apôtres et gardée avec sollicitude par saint Antoine-Marie Claret. Par le Christ, notre Seigneur. **— *Amen.***

SAMEDI 25 OCTOBRE 2025

29e SEMAINE DU TEMPS ORDINAIRE COULEUR LITURGIQUE : VERT

Temps ordinaire, *suggestion d'oraisons et d'antiennes n° 5*
ou **bienheureuse Vierge Marie,** *voir p. 80*
ou **dédicace des églises consacrées,** *voir p. 169*

Antienne d'ouverture

Venez, adorons Dieu, prosternons-nous devant le Seigneur qui nous a faits, car il est notre Dieu. (cf. Ps 94, 6-7)

Prière

Dans ton inlassable tendresse, nous t'en prions, Seigneur, veille sur ta famille : elle s'appuie sur la grâce du ciel, son unique espérance ; qu'elle soit toujours assurée de ta protection. Par Jésus… — ***Amen.***

Lecture

de la lettre de saint Paul apôtre aux Romains (8, 1-11)

« L'Esprit de celui qui a ressuscité Jésus d'entre les morts habite en vous »

Frères, pour ceux qui sont dans le Christ Jésus, il n'y a plus de condamnation. Car la loi de l'Esprit qui donne la vie dans le Christ Jésus t'a libéré de la loi du péché et de la mort. En effet, quand Dieu a envoyé son propre Fils dans une condition charnelle semblable à celle des pécheurs pour vaincre le péché, il a fait ce que la loi de Moïse ne pouvait pas faire à cause de la faiblesse humaine : il a condamné le péché dans l'homme charnel. Il voulait ainsi que l'exigence de la Loi s'accomplisse en nous, dont la conduite n'est pas selon la chair mais selon l'Esprit*.

En effet, ceux qui se conforment à la chair tendent vers ce qui est charnel; ceux qui se conforment à l'Esprit tendent vers ce qui est spirituel; et la chair tend vers la mort, mais l'Esprit tend vers la vie et la paix. Car la tendance de la chair est ennemie de Dieu, elle ne se soumet pas à la loi de Dieu, elle n'en est même pas capable. Ceux qui sont sous l'emprise de la chair ne peuvent pas plaire à Dieu.
Or, vous, vous n'êtes pas sous l'emprise de la chair, mais sous celle de l'Esprit, puisque l'Esprit de Dieu habite en vous. Celui qui n'a pas l'Esprit du Christ ne lui appartient pas. Mais si le Christ est en vous, le corps, il est vrai, reste marqué par la mort à cause du péché, mais l'Esprit vous fait vivre, puisque vous êtes devenus des justes. Et si l'Esprit de celui qui a ressuscité Jésus d'entre les morts habite en vous, celui qui a ressuscité Jésus, le Christ, d'entre les morts donnera aussi la vie à vos corps mortels par son Esprit qui habite en vous.
– Parole du Seigneur.

Psaume 23 (24)

℟ ***Voici le peuple de ceux qui cherchent ta face, Seigneur.***

Au Seigneur, le monde et sa richesse,
la terre et tous ses habitants !
C'est lui qui l'a fondée sur les mers
et la garde inébranlable sur les flots. ℟

Qui peut gravir la montagne du Seigneur
et se tenir dans le lieu saint ?
L'homme au cœur pur, aux mains innocentes,
qui ne livre pas son âme aux idoles. ℟

Il obtient, du Seigneur, la bénédiction,
et de Dieu son Sauveur, la justice.

Voici le peuple de ceux qui le cherchent !
Voici Jacob qui recherche ta face ! ℟

Acclamation de l'Évangile

Alléluia. Alléluia. Je ne prends pas plaisir à la mort du méchant, dit le Seigneur. Qu'il se détourne de sa conduite, et qu'il vive ! ***Alléluia.***

Évangile de Jésus Christ

selon saint Luc (13, 1-9)

« Si vous ne vous convertissez pas, vous périrez tous de même »

Un jour, des gens rapportèrent à Jésus l'affaire des Galiléens que Pilate avait fait massacrer, mêlant leur sang à celui des sacrifices qu'ils offraient. Jésus leur répondit : « Pensez-vous que ces Galiléens étaient de plus grands pécheurs que tous les autres Galiléens, pour avoir subi un tel sort ? Eh bien, je vous dis : pas du tout ! Mais si vous ne vous convertissez pas, vous périrez tous de même. Et ces dix-huit personnes tuées par la chute de la tour de Siloé, pensez-vous qu'elles étaient plus coupables que tous les autres habitants de Jérusalem ? Eh bien, je vous dis : pas du tout ! Mais si vous ne vous convertissez pas, vous périrez tous de même. »
Jésus disait encore cette parabole : « Quelqu'un avait un figuier planté dans sa vigne. Il vint chercher du fruit sur ce figuier, et n'en trouva pas. Il dit alors à son vigneron : “Voilà trois ans que je viens chercher du fruit sur ce figuier, et je n'en trouve pas. Coupe-le. À quoi bon le laisser épuiser le sol ?” Mais le vigneron lui répondit : “Maître, laisse-le encore

cette année, le temps que je bêche autour pour y mettre du fumier. Peut-être donnera-t-il du fruit à l'avenir. Sinon, tu le couperas." »

Prière sur les offrandes

Seigneur notre Dieu, tu as choisi dans ta création ces aliments qui soutiennent notre fragilité ; nous t'en prions : fais qu'ils deviennent aussi pour nous le sacrement de la vie éternelle. Par le Christ, notre Seigneur. — ***Amen.***

Antienne de la communion

Qu'ils rendent grâce au Seigneur
pour sa miséricorde, pour ses
merveilles envers les hommes :
car il rassasie l'âme épuisée, il comble
de biens celle qui a faim ! (cf. Ps 106, 8-9)

OU

Heureux ceux qui pleurent,
car ils seront consolés. Heureux
ceux qui ont faim et soif de la justice,
car ils seront rassasiés. (Mt 5, 4.6)

Prière après la communion

Tu as voulu, Seigneur Dieu, que nous ayons part au même pain et à la même coupe ; nous t'en prions : puisque nous sommes devenus un dans le Christ, que notre manière de vivre nous donne la joie de porter du fruit pour le salut du monde. Par le Christ, notre Seigneur. — ***Amen.***

INVITATION

Aujourd'hui, nous célébrons la dédicace des églises consacrées dont on ne connaît pas la date de consécration. Si je m'intéressais à l'histoire de l'église où j'ai mes habitudes ?

COMMENTAIRE

En quête de sens Luc 13, 1-9

Des Galiléens massacrés, des hommes écrasés par la chute d'une tour… : que fait donc Jésus ? Pourquoi ne met-il pas un coup d'arrêt définitif à ces catastrophes ? À son époque comme à la nôtre, le sens – ou plus exactement l'absence de sens – de bien des événements laisse les hommes et les femmes impuissants et désemparés. Au cœur de la nuit pourtant retentit toujours un appel : l'appel à la conversion pour croire et aimer en toutes circonstances. ■

***Bertrand Lesoing**, prêtre de la communauté Saint-Martin*

✲ CLÉ DE LECTURE

« Selon l'Esprit » Romains 8, 4 *(p. 164)*

Pas de condamnation pour ceux qui sont en Jésus Christ : une humanité entièrement assumée, prise en charge et réconciliée avec Dieu dans la vie, la mort et la résurrection de Jésus. Cette affirmation première interdit toute lecture dualiste de ce qui suit. Pas question pour Paul d'opposer le corps et l'âme, ou encore ceux qui vivraient dans l'ordre de la matière, d'autres de la vie spirituelle. Mais il s'agit de distinguer les deux tendances qui nous habitent tour à tour ; le chrétien est celui chez qui la vie selon l'Esprit lutte sans cesse contre les forces de haine et de mort. La vie chrétienne reste un combat, mais elle est aussi lent travail de transformation par lequel l'Esprit nous configure au Christ, un lent travail de transfiguration. ■

***Roselyne Dupont-Roc**, bibliste*

Dédicace des églises consacrées

Couleur liturgique : blanc

On célèbre aujourd'hui les églises dont on ne connaît pas la date de consécration. Solennité en France.

Antienne d'ouverture

Dieu est admirable dans son temple saint, le Dieu d'Israël,
c'est lui qui donne à son peuple force et puissance. Béni soit Dieu ! (Ps 67, 36)

Gloire à Dieu *(p. 208)*

Prière

Seigneur Dieu, chaque année, tu fais revivre pour nous le jour où cette église a été consacrée ; écoute les prières de ton peuple : fais que l'on te serve toujours en ce lieu dans la pureté du cœur et que nous obtenions ici la plénitude de la rédemption. Par Jésus… **— *Amen.***

Profession de foi *(p. 209)*

Prière sur les offrandes

Alors que nous rappelons devant toi, Seigneur, le jour où tu as rempli ta maison de gloire et de sainteté, nous te prions de nous transformer nous-mêmes en offrandes qui te soient toujours agréables. Par le Christ, notre Seigneur. **— *Amen.***

Préface de la dédicace, p. 216.

Antienne de la communion

Vous êtes un sanctuaire de Dieu,
et l'Esprit de Dieu habite en vous.
Le sanctuaire de Dieu est saint,
et ce sanctuaire, c'est vous.
(cf. 1 Co 3, 16-17)

Prière après la communion

Accorde au peuple qui t'est consacré, Seigneur, de recueillir les fruits et la joie de ta bénédiction, afin qu'ayant pris part à la liturgie de cette fête, il sache en vivre spirituellement. Par le Christ, notre Seigneur. **— *Amen.***

DIMANCHE 26 OCTOBRE 2025

30e DIMANCHE DU TEMPS ORDINAIRE

ANNÉE C – COULEUR LITURGIQUE : VERT

« Qui s'élève sera abaissé ; qui s'abaisse sera élevé. » Luc 18, 14

Des deux hommes venus prier au Temple, ce n'est pas le pharisien imbu de lui-même qui est rendu juste. C'est un publicain, un homme qui n'ose pas lever les yeux vers le ciel, un homme qui reconnaît qu'il est pécheur et qu'il a besoin du Seigneur. Quand nous prions, ayons le cœur de ce publicain. Reconnaissons que nous avons besoin du Seigneur. Lui seul peut élever les cœurs.

RITES INITIAUX

Chant d'entrée *(Suggestions p. 234)*
OU
Antienne d'ouverture
Joie pour les cœurs qui cherchent Dieu. Cherchez le Seigneur, et vous serez affermis, recherchez sans trêve sa face.
(cf. Ps 104, 3-4)

Suggestion de préparation pénitentielle *(ou p. 206)*
Frères et sœurs, comme le publicain qui n'ose lever les yeux vers le ciel, tenons-nous en prière, avec humilité. Préparons-nous à célébrer le mystère de l'eucharistie, en reconnaissant que nous avons péché.

Seigneur Jésus, toi qui accueilles la prière de l'homme contrit, tu élèves celui qui reconnaît sa misère. Kyrie, eleison.

— Kyrie, eleison.

Ô Christ, toi qui soutiens ceux qui se sentent abandonnés, tu donnes ta force aux faibles et aux pécheurs. Christe, eleison.

— Christe, eleison.

Seigneur, toi qui sauves l'esprit brisé et abattu, tu nous invites à la fête et à la joie. Kyrie, eleison.

— Kyrie, eleison.

Que Dieu tout-puissant nous fasse miséricorde ; qu'il nous pardonne nos péchés et nous conduise à la vie éternelle. ***— Amen.***

Gloire à Dieu *(p. 208)*

Prière

Dieu éternel et tout-puissant, augmente en nous la foi, l'espérance et la charité ; et pour que nous puissions obtenir ce que tu promets, fais-nous aimer ce que tu commandes. Par Jésus… **— *Amen.***

LITURGIE DE LA PAROLE

Lecture du livre de Ben Sira le Sage (35, 15b-17.20-22a)

« La prière du pauvre traverse les nuées »

Le Seigneur est un juge qui se montre impartial envers les personnes. Il ne défavorise pas le pauvre, il écoute la prière de l'opprimé. Il ne méprise pas la supplication de l'orphelin, ni la plainte répétée de la veuve. Celui dont le service est agréable à Dieu sera bien accueilli, sa supplication parviendra jusqu'au ciel. La prière du pauvre traverse les nuées ; tant qu'elle n'a pas atteint son but, il demeure inconsolable. Il persévère tant que le Très-Haut n'a pas jeté les yeux sur lui, ni prononcé la sentence en faveur des justes et rendu justice.

– Parole du Seigneur.

Psaume 33 (34)

℟ *Un pauvre crie ; le Seigneur entend.*

T. : AELF ; M. : M. Wackenheim ; Éd. : ADF.

Je bénirai le Seigneur en tout temps,
sa louange sans cesse à mes lèvres.
Je me glorifierai dans le Seigneur :
que les pauvres m'entendent et soient en fête ! ℟

Le Seigneur regarde les justes,
il écoute, attentif à leurs cris.
Le Seigneur entend ceux qui l'appellent :
de toutes leurs angoisses, il les délivre. ℟

Il est proche du cœur brisé,
il sauve l'esprit abattu.
Le Seigneur rachètera ses serviteurs :
pas de châtiment pour qui trouve en lui son refuge. ℟

Écoutez ce psaume sur
www.prionseneglise.fr/
messe-du-dimanche

Lecture de la deuxième lettre de saint Paul apôtre à Timothée (4, 6-8.16-18)

« Je n'ai plus qu'à recevoir la couronne de la justice »

Bien-aimé, je suis déjà offert en sacrifice, le moment de mon départ est venu. J'ai mené le bon combat, j'ai achevé ma course, j'ai gardé la foi. Je n'ai plus qu'à recevoir la couronne de la justice : le Seigneur, le juste juge, me la remettra en ce jour-là, et non seulement à moi, mais aussi à tous ceux qui auront désiré avec amour sa Manifestation glorieuse.

La première fois que j'ai présenté ma défense, personne ne m'a soutenu : tous m'ont abandonné. Que cela ne soit pas retenu contre eux. Le Seigneur, lui, m'a assisté. Il m'a rempli de force pour que, par moi, la proclamation de l'Évangile s'accomplisse jusqu'au bout et que toutes les nations l'entendent. J'ai été arraché à la gueule du lion ; le Seigneur m'arrachera encore à tout ce qu'on fait pour me nuire. Il me sauvera et me fera entrer dans son Royaume céleste. À lui la gloire pour les siècles des siècles. Amen.

– Parole du Seigneur.

Acclamation de l'Évangile

Alléluia. Alléluia. Dans le Christ, Dieu réconciliait le monde avec lui : il a mis dans notre bouche la parole de la réconciliation. ***Alléluia.***

U 22-80 n°1; T. et M. : S. Gasser; Psalmodie : M. Wackenheim; Bayard liturgie.

Évangile de Jésus Christ selon saint Luc (18, 9-14)

« Le publicain redescendit dans sa maison,
c'est lui qui était devenu juste, plutôt que le pharisien »

En ce temps-là, à l'adresse de certains qui étaient convaincus d'être justes et qui méprisaient les autres, Jésus dit la parabole que voici : « Deux hommes montèrent au Temple pour prier. L'un était pharisien, et l'autre, publicain (c'est-à-dire un collecteur d'impôts). Le pharisien se tenait debout et priait en lui-même : “Mon Dieu, je te rends grâce parce que je ne suis pas comme les autres hommes – ils sont voleurs, injustes, adultères –, ou encore comme ce publicain. Je jeûne deux fois par semaine et je verse le dixième de tout ce que je gagne.” Le publicain, lui, se tenait à distance et n'osait même pas lever les yeux vers le ciel ; mais il se frappait la poitrine, en disant : “Mon Dieu, montre-toi favorable au pécheur que je suis !” Je vous le déclare : quand ce dernier redescendit dans sa maison, c'est lui qui était devenu un homme juste, plutôt que l'autre. Qui s'élève sera abaissé ; qui s'abaisse sera élevé. »

Homélie

Profession de foi (p. 209)

Suggestion de prière universelle

Le prêtre :

Dieu notre Père est attentif au cri du publicain et à celui de tous les hommes. Avec confiance, prions-le pour l'Église et pour le monde.

℟ ***Entends nos prières, entends nos voix ;***
entends nos prières monter vers toi.

G 112 SM ; T. : J. Debruynne/R. Fau ; M. : R. Fau.

Le diacre ou un lecteur :

« J'ai mené le bon combat, j'ai gardé la foi. » Pour les chrétiens persécutés dans de nombreux pays du monde, afin qu'ils persévèrent et tiennent bon dans l'espérance, prions le Seigneur. ℟

« Le Seigneur regarde les justes. » Pour nos responsables politiques et pour tous nos élus, afin qu'ils gèrent notre pays et le monde avec un sens aigu de la justice, prions le Seigneur. ℟

« Il ne méprise pas la prière de l'opprimé. » Pour toutes les victimes d'emprise, d'abus, de violence, afin qu'elles ne désespèrent pas de l'amour du Seigneur envers elles, prions le Seigneur. ℟

« Celui dont le service est agréable à Dieu sera bien accueilli. » Pour chacun de nous réunis en ce dimanche, afin que nous servions joyeusement le Seigneur et notre prochain, prions le Seigneur. ℟

(Ces intentions seront adaptées ou modifiées selon les circonstances. On peut aussi s'inspirer de l'intention universelle du Saint-Père, p. 6.)

Le prêtre :

Dieu notre Père, toi qui écoutes la prière des petits et des pauvres, viens au secours de tous les hommes. Daigne exaucer toutes nos demandes, par le Christ, notre Seigneur. — ***Amen.***

LITURGIE EUCHARISTIQUE

Prière sur les offrandes

Regarde les présents que nous t'offrons, nous t'en prions, Seigneur, Dieu de majesté : permets que notre célébration soit d'abord tournée vers ta gloire. Par le Christ, notre Seigneur. — ***Amen.***

Prière eucharistique *(Préface des dimanches, p. 212)*

Chant de communion *(Suggestions p. 234)*

OU

Antienne de la communion

Nous trouverons la joie en ton salut,
et la grandeur dans le nom de notre Dieu. (cf. Ps 19, 6)

OU

Le Christ nous a aimés et s'est livré lui-même pour nous, s'offrant en sacrifice à Dieu, comme un parfum d'agréable odeur. (Ep 5, 2)

Prière après la communion

Que tes sacrements, Seigneur, nous t'en prions, achèvent de produire en nous ce qu'ils contiennent ; puissions-nous saisir dans sa pleine vérité ce que notre célébration préfigure aujourd'hui. Par le Christ, notre Seigneur. — ***Amen.***

RITE DE CONCLUSION

Bénédiction et envoi

COMMENTAIRE DU DIMANCHE
Marie-Dominique Trébuchet,
théologienne, Institut catholique de Paris

Devenir juste : un chemin d'humilité

« Ce n'est pas juste ! » Ce cri monte en nous parfois. Du fond de nos entrailles, il exprime une indignation devant le mal subi et cette indignation est le signe d'une prise de conscience plus profonde : le contentement d'être soi, en règle avec la justice humaine, peut nous rendre aveugles et sourds aux cris des oubliés de ce monde.

Que signifie être juste ? Les textes que nous offre le calendrier liturgique à quelques jours de la fête de tous les saints nous préparent à mieux comprendre les Béatitudes : « Heureux ceux qui ont faim et soif de justice, car ils seront rassasiés. » Être juste, c'est être reconnu juste.

Relisons l'évangile du jour. J'en retiens trois enseignements : le premier est que nul ne peut s'octroyer lui-même la qualité de •••

••• juste, cela vient d'un autre, plus grand que nous. Le deuxième est que le chemin à prendre pour devenir juste est précisément celui qui consiste à reconnaître ses manquements à la justice, non pas pour se perdre dans la culpabilité, mais, et c'est le troisième enseignement, pour devenir pleinement juste. Le publicain est devenu juste en demandant miséricorde. L'achèvement de ce devenir est réalisé par l'action de la miséricorde en lui. La faim et la soif de justice sont rassasiées par l'action de Dieu en nous, action qui humanise, qui transforme, qui ouvre nos yeux et convertit nos cris en actes de justice.

« Tous appelés à devenir justes. » Comment suis-je acteur de cette reconnaissance du juste en l'autre ?
Comment mon prochain peut-il m'aider à devenir juste ? ■

Prions en Église
junior

LIRE L'ÉVANGILE AVEC LES ENFANTS

CE QUE JE DÉCOUVRE

Le pharisien parle bien, il croit qu'il est parfait ! Il remercie Dieu, mais il n'a pas besoin de son aide. **Le publicain, c'est tout le contraire, il n'ose pas beaucoup parler.** Il travaille avec les Romains, il trompe tout le monde avec les taxes, c'est un voleur, un pécheur ! Jésus explique que si nous nous croyons parfaits, alors il aura beaucoup de difficultés pour venir en notre cœur et nous aider à mieux aimer les autres. Il veut que nous lui disions : **« Je suis petit, j'ai besoin de toi pour grandir. »**

CE QUE JE VIS

Pour quels talents remercies-tu Dieu ?
Te sens-tu léger quand tu confies tes péchés à Dieu ?
Dis la prière : « Seigneur, je ne suis pas digne de te recevoir ; mais dis seulement une parole et je serai guéri. »

Texte : Cédric Kuntz. Illustrations : Marcelino Truong

MÉDITATION BIBLIQUE
30ᴱ DIMANCHE DU TEMPS ORDINAIRE
Évangile selon saint Luc 18, 9-14

Le choix de Dieu

Contrairement aux humains et aux institutions politiques, sociales ou religieuses, Dieu ne s'arrête pas à ce qui brille. « Dieu ne regarde pas comme les hommes : les hommes regardent l'apparence, mais le Seigneur regarde le cœur » (1 S 16, 7).

Le temps de la préparation

« Le Seigneur entend ceux qui l'appellent. » (Ps 33, 18)

Le temps de l'observation

S'il est un homme qui s'en tient aux apparences dans sa façon d'aborder autrui, c'est bien le pharisien de la parabole. Les publicains appartenaient à une catégorie sociale déterminée, celle des collecteurs d'impôts pour le compte des Romains. Matthieu assimile « publicains et pécheurs » (cf. Mt 9, 10), témoignant de l'opinion générale à leur égard. Ici, le pharisien assimile le publicain – lui aussi en prière – à sa profession, n'envisageant même pas qu'il puisse être autre et davantage que cela. Et cette approche de la réalité nourrit sa tendance à comparer, laquelle se révèle être un piège qui l'éloigne de Dieu et de sa propre vérité. Ne se juge-t-il pas uniquement à partir de ses pratiques, bonnes en elles-mêmes mais qui perdent de leur valeur si elles ne sont pas irriguées par l'amour : « J'aurais beau avoir toute la foi jusqu'à transporter les montagnes, s'il me manque l'amour, je ne suis rien… » ? Sachant que l'amour « ne se vante pas, ne se gonfle pas d'orgueil » et « fait confiance en tout » (cf. 1 Co 13, 2-7).

Le temps de la méditation

Nous sommes tous menacés par la comparaison et les jugements superficiels sur autrui et sur nous-mêmes. Mais la bonne nouvelle, c'est que Dieu n'est pas ainsi. Comme le dit Ben Sira le Sage, « le Seigneur est un juge qui ne fait pas la différence entre les hommes » (Si 35, 15). Et le psaume 34 de chanter : il « est proche du cœur brisé, il sauve l'esprit abattu ». Si nous avons été créés à l'image de Dieu, si son Esprit nous a été donné, tous les espoirs sont permis d'une transformation de notre regard. Mais Dieu n'agira pas sans notre collaboration, sans notre engagement effectif, qui commence par la prise de conscience de la tendance incriminée, se poursuit par l'enracinement de la certitude de l'amour unique que Dieu nous porte. N'est-ce pas ainsi, dans une relation vivante avec lui, que nous pourrons nous libérer du poison de la comparaison ? Autant de voies offertes à chacun d'entre nous, qui que nous soyons.

Le temps de la prière

« Je bénirai le Seigneur en tout temps, sa louange sans cesse à mes lèvres. » (Ps 33, 1) ■

Emmanuelle Billoteau, ermite

PARTAGE BIBLIQUE

Environ 45 minutes — *Une bible ou* Prions en Église, *page 174*

« JE N'AI PLUS QU'À RECEVOIR LA COURONNE DE LA JUSTICE » (2 TM 4, 6-8.16-18)

Lire

Nous lisons ce passage qui nous révèle un Paul conscient d'avoir été souvent contesté dans sa foi.

Comprendre le texte

Nous sommes à la fin de la lettre de Paul. Après avoir encouragé Timothée à poursuivre son ministère au milieu des oppositions, Paul en vient à sa situation personnelle. Dans sa prison romaine, en un langage imagé, Paul évoque avec lucidité la fin de son parcours d'apôtre. Pour décrire sa situation, il emploie des images cultuelles : « Je suis déjà offert en sacrifice, le moment de mon départ est venu », ce qui est habituel dans ses lettres. Il insiste sur la lutte sportive, la course de fond et d'endurance olympique vers la médaille, la couronne de la justice, de l'ajustement définitif en Dieu par le Christ. La vie d'un disciple du Christ est une épreuve sportive, un combat d'endurance dans l'amour. On ne peut attribuer cette lettre à l'apôtre Paul car le style et le vocabulaire en sont par endroits très différents de ses lettres authentiques. Elle se différencie aussi de la première à Timothée, qui décrit comme actuelles les difficultés qui vont atteindre l'Église, alors que notre lettre ne fait que les annoncer. Il faut donc la placer avant la première lettre à Timothée, vers l'an 90.

Partager

- Quel est mon champ de bataille dans ma vie de croyant ?
- Croire m'oblige-t-il à faire des sacrifices ? Lesquels ?
- Le fait de croire a-t-il suscité un sentiment d'incompréhension dans mon entourage ?
- Est-ce que je me sens parfois seul dans ma vie de croyant ?

Prier

Nous prenons le chant *Sans te voir, nous t'aimons* (M20). ■

Sylvain Gasser, prêtre assomptionniste

LUNDI 27 OCTOBRE 2025

30E SEMAINE DU TEMPS ORDINAIRE COULEUR LITURGIQUE : VERT

Temps ordinaire, *suggestion d'oraisons et d'antiennes n° 6*

Antienne d'ouverture

Sois pour moi le Dieu qui protège,
un lieu de refuge pour me sauver.
Car tu es mon appui et mon refuge : à cause de ton nom,
tu seras mon guide et tu me nourriras. (cf. Ps 30, 3-4)

Prière

Seigneur Dieu, tu as promis d'habiter les cœurs droits et sincères ; donne-nous, par ta grâce, de vivre de telle manière que tu puisses faire en nous ta demeure. Par Jésus… ***— Amen.***

Lecture

de la lettre de saint Paul apôtre aux Romains (8, 12-17)

« Vous avez reçu un Esprit qui fait de vous des fils ;
et c'est en lui que nous crions "Abba !", c'est-à-dire : Père ! »

Frères, nous avons une dette, mais elle n'est pas envers la chair pour devoir vivre selon la chair. Car si vous vivez selon la chair, vous allez mourir ; mais si, par l'Esprit, vous tuez les agissements de l'homme pécheur, vous vivrez. En effet, tous ceux qui se laissent conduire par l'Esprit de Dieu, ceux-là sont fils de Dieu. Vous n'avez pas reçu un esprit

qui fait de vous des esclaves et vous ramène à la peur ; mais vous avez reçu un Esprit qui fait de vous des fils ; et c'est en lui que nous crions « *Abba !* », c'est-à-dire : Père ! C'est donc l'Esprit Saint lui-même qui atteste à notre esprit que nous sommes enfants de Dieu. Puisque nous sommes ses enfants, nous sommes aussi ses héritiers : héritiers de Dieu, héritiers avec le Christ, si du moins nous souffrons avec lui pour être avec lui dans la gloire.
– Parole du Seigneur.

Psaume 67 (68)

℟ ***Le Dieu qui est le nôtre est le Dieu des victoires.***

Dieu se lève et ses ennemis se dispersent,
ses adversaires fuient devant sa face.
Mais les justes sont en fête, ils exultent ;
devant la face de Dieu ils dansent de joie. ℟

Père des orphelins, défenseur des veuves,
tel est Dieu dans sa sainte demeure.
À l'isolé, Dieu accorde une maison ;
aux captifs, il rend la liberté. ℟

Que le Seigneur soit béni !
Jour après jour, ce Dieu
nous accorde la victoire.
Le Dieu qui est le nôtre
est le Dieu des victoires,
et les portes de la mort
sont à Dieu, le Seigneur. ℟

Acclamation de l'Évangile

Alléluia. Alléluia. Ta parole, Seigneur, est vérité ; dans cette vérité, sanctifie-nous. ***Alléluia.***

Évangile de Jésus Christ

selon saint Luc (13, 10-17)

« Cette fille d'Abraham, ne fallait-il pas la délivrer de ce lien le jour du sabbat ? »

En ce temps-là, Jésus était en train d'enseigner dans une synagogue, le jour du sabbat. Voici qu'il y avait là une femme, possédée par un esprit qui la rendait infirme depuis dix-huit ans ; elle était toute courbée et absolument incapable de se redresser. Quand Jésus la vit, il l'interpella et lui dit : « Femme, te voici délivrée de ton infirmité. » Et il lui imposa les mains. À l'instant même elle redevint droite et rendait gloire à Dieu.
Alors le chef de la synagogue, indigné de voir Jésus faire une guérison le jour du sabbat, prit la parole et dit à la foule : « Il y a six jours pour travailler ; venez donc vous faire guérir ces jours-là, et non pas le jour du sabbat. » Le Seigneur lui répliqua : « Hypocrites ! Chacun de vous, le jour du sabbat, ne détache-t-il pas de la mangeoire son bœuf ou son âne pour le mener boire ? Alors cette femme, une fille d'Abraham, que Satan avait liée voici dix-huit ans, ne fallait-il pas la délivrer de ce lien le jour du sabbat ? »
À ces paroles de Jésus, tous ses adversaires furent remplis de honte, et toute la foule était dans la joie à cause de toutes les actions éclatantes qu'il faisait.

Prière sur les offrandes

Que cette offrande, nous t'en prions, Seigneur, nous purifie et nous renouvelle ; qu'elle devienne pour ceux qui accomplissent ta volonté la cause de la récompense éternelle. Par le Christ, notre Seigneur. — ***Amen.***

Antienne de la communion
Ils mangèrent, ils furent rassasiés,
Dieu comblait leur désir, leur attente
ne fut pas trompée. (Ps 77, 29-30)
OU
Dieu a tant aimé le monde
qu'il a donné son Fils unique : ainsi,
celui qui croit en lui ne périra pas,
mais il obtiendra la vie éternelle.
(Jn 3, 16)

Prière après la communion
Tu nous as fait goûter, Seigneur, aux joies du ciel, et nous te prions : donne-nous de toujours désirer ce qui nous fait vivre en vérité. Par le Christ, notre Seigneur. — ***Amen.***

INVITATION

La commémoration des fidèles défunts approchant, je pourrais faire une neuvaine de prière pour les défunts.

COMMENTAIRE

Mot de passe unique Romains 8, 12-17

Paul livre aux Romains la quintessence du message du Christ. Un unique mot de passe s'est imprimé à tout jamais dans la mémoire cordiale des apôtres : « *Abba !* » Un homme ose s'adresser au Saint d'Israël avec la familiarité d'un tout-petit : « Papa. » Il est donc Fils de Dieu et l'Esprit Saint fait de chacun de nous, sans aucun mérite de notre part, les enfants bien-aimés du Père. Une révélation sans précédent qui devrait bouleverser nos vies ! ■

***Bénédicte de la Croix**, cistercienne*

MARDI 28 OCTOBRE 2025

COULEUR LITURGIQUE : ROUGE

Saints Simon et Jude

Ier siècle. Deux des Apôtres de Jésus, associés dans la liturgie comme ils le sont dans la liste des Douze figurant dans les évangiles.

Antienne d'ouverture

Voici les saints Simon et Jude :
le Seigneur les a vraiment aimés, il les a choisis
et leur a donné une gloire éternelle.

Gloire à Dieu (p. 208)

Prière

Seigneur Dieu, tu nous as conduits à la connaissance de ton nom par la prédication des bienheureux Apôtres ; fais qu'à l'intercession des saints Simon et Jude, ton Église ne cesse de grandir en accueillant toujours de nouveaux peuples de croyants. Par Jésus… **— *Amen.***

Lectures propres à la fête de saints Simon et Jude.

Lecture

de la lettre de saint Paul apôtre aux Éphésiens (2, 19-22)

« Intégrés dans la construction qui a pour fondations les Apôtres »

Frères, vous n'êtes plus des étrangers ni des gens de passage, vous êtes concitoyens des saints, vous êtes membres de la famille de Dieu, car vous avez été intégrés dans la construction qui a pour fondations

les Apôtres et les prophètes ; et la pierre angulaire, c'est le Christ Jésus lui-même. En lui, toute la construction s'élève harmonieusement pour devenir un temple saint dans le Seigneur. En lui, vous êtes, vous aussi, les éléments d'une même construction pour devenir une demeure de Dieu par l'Esprit Saint.

– Parole du Seigneur.

Psaume 18A (19)

℟ ***Par toute la terre s'en va leur message.***

Les cieux proclament la gloire de Dieu,
le firmament raconte l'ouvrage de ses mains.
Le jour au jour en livre le récit
et la nuit à la nuit en donne connaissance. ℟

Pas de paroles dans ce récit,
pas de voix qui s'entende ;
mais sur toute la terre en paraît le message
et la nouvelle, aux limites du monde. ℟

Acclamation de l'Évangile

Alléluia. Alléluia. À toi, Dieu, notre louange ! Toi, le Seigneur, nous t'acclamons. C'est toi que les Apôtres glorifient. ***Alléluia.***

Évangile de Jésus Christ

selon saint Luc (6, 12-19)

« Il en choisit douze auxquels il donna le nom d'Apôtres »

En ces jours-là, Jésus s'en alla dans la montagne pour prier, et il passa toute la nuit à prier Dieu. Le jour venu, il appela ses disciples et en choisit douze auxquels il donna le nom d'Apôtres : Simon, auquel

il donna le nom de Pierre, André son frère, Jacques, Jean, Philippe, Barthélemy, Matthieu, Thomas, Jacques fils d'Alphée, Simon appelé le Zélote, Jude fils de Jacques, et Judas Iscariote, qui devint un traître.
Jésus descendit de la montagne avec eux et s'arrêta sur un terrain plat. Il y avait là un grand nombre de ses disciples et une grande multitude de gens venus de toute la Judée, de Jérusalem, et du littoral de Tyr et de Sidon. Ils étaient venus l'entendre et se faire guérir de leurs maladies; ceux qui étaient tourmentés par des esprits impurs retrouvaient la santé. Et toute la foule cherchait à le toucher, parce qu'une force sortait de lui et les guérissait tous.

Prière sur les offrandes

En vénérant la gloire éternelle des saints apôtres Simon et Jude, nous te supplions, Seigneur : accueille nos prières et fais-nous participer dignement aux mystères que nous célébrons. Par le Christ, notre Seigneur. — ***Amen.***

Préface des Apôtres, p. 214.

Antienne de la communion

Si quelqu'un m'aime, il gardera
ma parole, dit le Seigneur;
mon Père l'aimera, nous viendrons
vers lui et, chez lui, nous nous ferons
une demeure.
(Jn 14, 23)

Prière après la communion
Après avoir reçu ton sacrement, Seigneur, nous te supplions dans l'Esprit Saint : que le sacrifice offert aujourd'hui pour célébrer la passion des apôtres Simon et Jude nous garde dans ton amour. Par le Christ, notre Seigneur. — ***Amen.***

INVITATION

Comme les Apôtres Simon et Jude, fêtés aujourd'hui,
je partage avec un ami la force que me donne le fait de suivre Jésus.

COMMENTAIRE

L'urgence de prier Luc 6, 12-19

Après une vive confrontation avec des pharisiens, « Jésus s'en alla dans la montagne pour prier, et il passa toute la nuit à prier Dieu ». L'appel à la prière relève de l'urgence pour le Fils unique de Dieu. Dans le silence du désert, il n'est plus qu'un enfant vivifié par le Souffle reçu du Père, son « *Abba* ». Une invitation pour chacun de nous à entrer résolument dans ce cœur à cœur trinitaire, source jaillissante de toute mission. ■

***Bénédicte de la Croix**, cistercienne*

Temps ordinaire, *suggestion d'oraisons et d'antiennes n° 7*

Antienne d'ouverture

Seigneur, j'ai mis mon espoir en ta miséricorde ;
mon cœur a exulté dans ton salut !
Je chanterai le Seigneur pour le bien qu'il m'a fait. (cf. Ps 12, 6)

Prière

Dieu tout-puissant, nous t'en prions : accorde-nous de conformer à ta volonté nos paroles et nos actes dans une inlassable recherche des biens spirituels. Par Jésus…
— Amen.

Lecture

de la lettre de saint Paul apôtre aux Romains (8, 26-30)

« Quand les hommes aiment Dieu, lui-même fait tout contribuer à leur bien »

Frères, l'Esprit Saint vient au secours de notre faiblesse, car nous ne savons pas prier comme il faut. L'Esprit lui-même intercède pour nous par des gémissements inexprimables. Et Dieu, qui scrute les cœurs, connaît les intentions de l'Esprit puisque c'est selon Dieu que l'Esprit intercède pour les fidèles.

Nous le savons, quand les hommes aiment Dieu, lui-même fait tout contribuer à leur bien, puisqu'ils sont appelés selon le dessein de son amour. Ceux que, d'avance, il connaissait, il les a aussi destinés d'avance à être configurés à l'image de son Fils, pour que ce Fils soit le premier-né d'une multitude de frères. Ceux qu'il avait destinés d'avance, il les a aussi appelés ; ceux qu'il a appelés, il en a fait des justes ; et ceux qu'il a rendus justes, il leur a donné sa gloire.

– Parole du Seigneur.

Psaume 12 (13)

℟ ***Moi, je prends appui sur ton amour, Seigneur.***

Regarde, réponds-moi, Seigneur mon Dieu !
Donne la lumière à mes yeux,
garde-moi du sommeil de la mort ;
que l'adversaire ne crie pas : « Victoire ! » ℟

Que l'ennemi n'ait pas la joie de ma défaite !
Moi, je prends appui sur ton amour ;
que mon cœur ait la joie de ton salut !
Je chanterai le Seigneur
pour le bien qu'il m'a fait. ℟

Acclamation de l'Évangile

Alléluia. Alléluia. Par l'annonce de l'Évangile, Dieu nous appelle à partager la gloire de notre Seigneur Jésus Christ. ***Alléluia.***

Évangile de Jésus Christ

selon saint Luc (13, 22-30)

« On viendra de l'orient et de l'occident, prendre place au festin dans le royaume de Dieu »

En ce temps-là, tandis qu'il faisait route vers Jérusalem, Jésus traversait villes et villages en enseignant. Quelqu'un lui demanda : « Seigneur, n'y a-t-il que peu de gens qui soient sauvés ? » Jésus leur dit : « Efforcez-vous d'entrer par la porte étroite, car, je vous le déclare, beaucoup chercheront à entrer et n'y parviendront pas. Lorsque le maître de maison se sera levé pour fermer la porte, si vous, du dehors, vous vous mettez à frapper à la porte, en disant : "Seigneur, ouvre-nous", il vous répondra : "Je ne sais pas d'où vous êtes." Alors vous vous mettrez à dire : "Nous avons mangé et bu en ta présence, et tu as enseigné sur nos places." Il vous répondra : "Je ne sais pas d'où vous êtes. Éloignez-vous de moi, vous tous qui commettez l'injustice." Là, il y aura des pleurs et des grincements de dents, quand vous verrez Abraham, Isaac et Jacob, et tous les prophètes dans le royaume de Dieu, et que vous-mêmes, vous serez jetés dehors. Alors on viendra de l'orient et de l'occident, du nord et du midi, prendre place au festin dans le royaume de Dieu. Oui, il y a des derniers qui seront premiers, et des premiers qui seront derniers. »

Prière sur les offrandes

En célébrant tes mystères, Seigneur, pour te servir comme il convient, nous te supplions humblement : que les dons offerts pour honorer ta gloire nous fassent progresser vers le salut. Par le Christ, notre Seigneur. — ***Amen.***

Antienne de la communion

De tout mon cœur, Seigneur,
je rendrai grâce, je dirai
tes innombrables merveilles ; pour toi, j'exulterai, je danserai, je fêterai ton nom, Dieu Très-Haut. (Ps 9, 2-3)

OU

Seigneur, je le crois : tu es le Christ, le Fils du Dieu vivant, celui qui vient dans le monde. (Jn 11, 27)

Prière après la communion

Nous t'en prions, Dieu tout-puissant : donne-nous de recueillir tous les fruits de salut dont ces mystères sont déjà la promesse et le gage. Par le Christ, notre Seigneur. — ***Amen.***

INVITATION

Pour me préparer à la fête de la Toussaint, je peux vivre le sacrement de réconciliation.

COMMENTAIRE

La bonne adresse

Luc 13, 22-30

Interrogé sur le salut, le Maître parle de « porte étroite » et, pire que cela, d'une porte qui reste fermée malgré les supplications de ceux qui cherchent à entrer. La clef de ce passage est peut-être à chercher dans l'évangile de Jean où Jésus, Bon Pasteur, affirme : « Moi, je suis la porte. Si quelqu'un entre en passant par moi, il sera sauvé ; il pourra entrer ; il pourra sortir et trouver un pâturage. » Ne nous trompons pas d'adresse ! ■

Bénédicte de la Croix, cistercienne

JEUDI 30 OCTOBRE 2025

30E SEMAINE DU TEMPS ORDINAIRE COULEUR LITURGIQUE : VERT

Temps ordinaire, *suggestion d'oraisons et d'antiennes n° 8*

Antienne d'ouverture

Le Seigneur s'est fait mon protecteur, il m'a dégagé, mis au large, il m'a libéré, car il m'aime. (cf. Ps 17, 19-20)

Prière

Nous t'en prions, Seigneur, accorde-nous de vivre dans un monde où les événements se déroulent selon ton dessein de paix, et où ton Église connaisse la joie de te servir dans la sérénité. Par Jésus… — ***Amen.***

Lecture

de la lettre de saint Paul apôtre aux Romains (8, 31b-39)

« Aucune créature ne pourra nous séparer de l'amour de Dieu qui est dans le Christ »

Frères, si Dieu est pour nous, qui sera contre nous ? Il n'a pas épargné son propre Fils, mais il l'a livré pour nous tous : comment pourrait-il, avec lui, ne pas nous donner tout ? Qui accusera ceux que Dieu a choisis ? Dieu est celui qui rend juste : alors, qui pourra condamner ? Le Christ Jésus est mort ; bien plus, il est ressuscité, il est à la droite de Dieu, il intercède pour nous : alors, qui pourra nous séparer de l'amour du Christ ? la détresse ? l'angoisse ? la persécution ? la faim ? le dénuement ? le danger ? le

glaive ? En effet, il est écrit : *C'est pour toi qu'on nous massacre sans arrêt, qu'on nous traite en brebis d'abattoir.* Mais, en tout cela nous sommes les grands vainqueurs grâce à celui qui nous a aimés. J'en ai la certitude : ni la mort ni la vie, ni les anges ni les Principautés célestes, ni le présent ni l'avenir, ni les Puissances, ni les hauteurs, ni les abîmes, ni aucune autre créature, rien ne pourra nous séparer de l'amour de Dieu qui est dans le Christ Jésus notre Seigneur.
– Parole du Seigneur.

Psaume 108 (109)

℟ ***Aide-moi, Seigneur mon Dieu : sauve-moi par ton amour !***

Seigneur Dieu, agis pour moi
à cause de ton nom.
Ton amour est fidèle : délivre-moi.
Vois, je suis pauvre et malheureux ;
au fond de moi, mon cœur est blessé. ℟

Aide-moi, Seigneur mon Dieu :
sauve-moi par ton amour !
Ils connaîtront que là est ta main,
que toi, Seigneur, tu agis. ℟

À pleine voix, je rendrai grâce au Seigneur,
je le louerai parmi la multitude,
car il se tient à la droite du pauvre
pour le sauver de ceux
qui le condamnent. ℟

Acclamation de l'Évangile

Alléluia. Alléluia. Béni soit notre roi, celui qui vient au nom du Seigneur. Paix dans le ciel et gloire au plus haut des cieux ! ***Alléluia.***

Évangile de Jésus Christ

selon saint Luc (13, 31-35)

« Il ne convient pas qu'un prophète périsse en dehors de Jérusalem »

En ce jour-là, quelques pharisiens s'approchèrent de Jésus pour lui dire : « Pars, va-t'en d'ici : Hérode veut te tuer. » Il leur répliqua : « Allez dire à ce renard : voici que j'expulse les démons et je fais des guérisons aujourd'hui et demain, et, le troisième jour, j'arrive au terme. Mais il me faut continuer ma route aujourd'hui, demain et le jour suivant, car il ne convient pas qu'un prophète périsse en dehors de Jérusalem. « Jérusalem, Jérusalem, toi qui tues les prophètes et qui lapides ceux qui te sont envoyés, combien de fois ai-je voulu rassembler tes enfants comme la poule rassemble ses poussins sous ses ailes, et vous n'avez pas voulu ! Voici que votre temple est abandonné à vous-mêmes. Je vous le déclare : vous ne me verrez plus jusqu'à ce que vienne le jour où vous direz : *Béni soit celui qui vient au nom du Seigneur !* »

Prière sur les offrandes

Seigneur Dieu, ce qui est offert en l'honneur de ton nom, c'est toi qui le donnes, et tu reconnais dans ces offrandes notre attachement à ton service ; nous implorons ta bonté : que ta largesse, d'où vient notre mérite, contribue à notre récompense éternelle. Par le Christ, notre Seigneur. — ***Amen.***

Antienne de la communion

Je chanterai le Seigneur pour le bien qu'il m'a fait; je fêterai le nom du Seigneur, le Très-Haut. (cf. Ps 12, 6; 9A, 3)

OU

Je suis avec vous tous les jours
jusqu'à la fin du monde,
dit le Seigneur. (Mt 28, 20)

Prière après la communion

Tu nous as rassasiés, Seigneur, par ce don qui nous sauve, et nous implorons ta miséricorde : par ce même sacrement qui nous fortifie en cette vie, rends-nous, dans ta bonté, participants de la vie éternelle. Par le Christ, notre Seigneur. **— *Amen.***

INVITATION

Y a-t-il des lectures qui m'ont particulièrement marqué ce mois-ci ? Je peux les relire dans mon *Prions en Église.*

COMMENTAIRE

Confiance sans faille Romains 8, 31b-39

Paul, le persécuteur des chrétiens, a fait l'expérience de la gratuité de l'amour du Père, de son infinie miséricorde. Sa confiance en Dieu qui « n'a pas épargné son propre Fils, mais [...] l'a livré pour nous tous » est sans faille. Il peut donc affirmer avec l'autorité de ceux qui portent ce message inscrit dans leur propre chair : « Rien ne pourra nous séparer de l'amour de Dieu qui est dans le Christ Jésus notre Seigneur. » ■

Bénédicte de la Croix, *cistercienne*

VENDREDI 31 OCTOBRE 2025

30E SEMAINE DU TEMPS ORDINAIRE COULEUR LITURGIQUE : VERT

Temps ordinaire, *suggestion d'oraisons et d'antiennes n° 9*

Antienne d'ouverture

Regarde-moi, Seigneur, et prends pitié de moi,
de moi qui suis seul et misérable.
Vois ma misère et ma peine, enlève tous mes péchés,
toi, mon Dieu.
(cf. Ps 24, 16.18)

Prière

Seigneur Dieu, nous en appelons à ta providence qui, dans ses desseins, jamais ne se trompe, et nous te supplions humblement : tout ce qui fait du mal, écarte-le, donne-nous ce qui pourra nous aider. Par Jésus… ***— Amen.***

Lecture

de la lettre de saint Paul apôtre aux Romains (9, 1-5)

« Pour mes frères, je souhaiterais être anathème »

Frères, c'est la vérité que je dis dans le Christ, je ne mens pas, ma conscience m'en rend témoignage dans l'Esprit Saint : j'ai dans le cœur une grande tristesse, une douleur incessante. Moi-même, pour les Juifs, mes frères de race, je souhaiterais être anathème, séparé du Christ : ils sont en effet israélites, ils ont l'adoption, la gloire, les alliances, la législation, le culte, les promesses de Dieu ; ils ont les patriarches, et c'est de leur race que le Christ est né, lui qui est au-dessus de tout, Dieu béni pour les siècles. Amen. – Parole du Seigneur.

Psaume 147 (147B)

℟ ***Glorifie le Seigneur, Jérusalem !***

Glorifie le Seigneur, Jérusalem !
Célèbre ton Dieu, ô Sion !
Il a consolidé les barres de tes portes,
dans tes murs il a béni tes enfants. ℟

Il fait régner la paix à tes frontières,
et d'un pain de froment te rassasie.
Il envoie sa parole sur la terre :
rapide, son verbe la parcourt. ℟

Il révèle sa parole à Jacob,
ses volontés et ses lois à Israël.
Pas un peuple qu'il ait ainsi traité ;
nul autre n'a connu ses volontés. ℟

Acclamation de l'Évangile

Alléluia. Alléluia. Mes brebis écoutent ma voix, dit le Seigneur ; moi, je les connais, et elles me suivent. ***Alléluia.***

Évangile de Jésus Christ

selon saint Luc (14, 1-6)

« Si l'un de vous a un fils ou un bœuf qui tombe dans un puits, ne va-t-il pas aussitôt l'en retirer, même le jour du sabbat ? »

Un jour de sabbat, Jésus était entré dans la maison d'un chef des pharisiens pour y prendre son repas, et ces derniers l'observaient. Or voici qu'il y avait devant lui un homme atteint d'hydropisie. Prenant la parole, Jésus s'adressa aux docteurs de la Loi et aux pharisiens pour leur demander : « Est-il permis, oui ou non, de faire une guérison le jour du sabbat ? » Ils gardèrent le silence. Tenant alors le malade, Jésus le guérit et le laissa aller. Puis il leur dit : « Si l'un de vous a un fils ou un bœuf qui tombe dans un puits, ne va-t-il pas aussitôt l'en retirer, même le jour du sabbat ? » Et ils furent incapables de trouver une réponse.

Prière sur les offrandes

Confiants dans ta tendresse, Seigneur, nous approchons de ton autel avec respect en apportant nos présents ; puissions-nous, par un effet de ta grâce qui nous purifie, être renouvelés par ces mystères que nous célébrons. Par le Christ, notre Seigneur. — ***Amen.***

Antienne de la communion

J'ai crié vers toi, Dieu
qui m'as exaucé : incline ton oreille,
entends ce que je dis. (cf. Ps 16, 6)

OU

Amen, je vous le dis :
tout ce que vous demandez
dans la prière, croyez que vous l'avez
obtenu, et cela vous sera accordé,
dit le Seigneur. (Mc 11, 23.24)

Prière après la communion
Guide-nous par ton Esprit, nous t'en prions, Seigneur, toi qui nous as nourris du corps et du sang de ton Fils : accorde-nous de te rendre témoignage, non seulement en paroles et par des discours, mais aussi en actes et en vérité, pour mériter d'entrer dans le royaume des Cieux. Par le Christ, notre Seigneur. — ***Amen.***

INVITATION

Demain, fête de la Toussaint, nous célébrons ces hommes et ces femmes qui ont cherché à aimer Dieu et leurs frères. J'en connais sûrement, je les nomme dans ma prière.

COMMENTAIRE

Un silence embarrassé Luc 14, 1-6

Invité à partager le repas dans la maison d'un éminent pharisien un jour de sabbat, Jésus fait face à un homme déformé par une maladie. Après avoir renvoyé l'homme guéri, il devance les critiques. Seraient-ils prêts, tous autant qu'ils sont, à laisser leur fils ou leur bœuf se noyer à cause d'une interprétation étroite de la Loi ? Un silence embarrassé s'installe, proche de celui qui accompagnera la femme surprise en flagrant délit d'adultère. ■

Bénédicte de la Croix, *cistercienne*

Liturgie de la messe

RITES INITIAUX

Le chant d'entrée achevé, le prêtre et les fidèles, debout, font le signe de la croix, tandis que le prêtre, tourné vers le peuple, dit :

Au nom du Père, et du Fils, et du Saint-Esprit.

Le peuple répond :

—Amen.

Salutation

La grâce de Jésus, le Christ, notre Seigneur, l'amour de Dieu le Père, et la communion de l'Esprit Saint soient toujours avec vous.

—Et avec votre esprit.

Ou bien : Que la grâce et la paix de Dieu notre Père et du Seigneur Jésus, le Christ, soient toujours avec vous.

—Et avec votre esprit.

Ou bien : Le Seigneur soit avec vous.

—Et avec votre esprit.

Acte pénitentiel

Frères et sœurs, préparons-nous à célébrer le mystère de l'eucharistie, en reconnaissant que nous avons péché.

(1) Je confesse à Dieu tout-puissant, je reconnais devant vous, frères et sœurs, que j'ai péché en pensée, en parole, par action et par omission ; oui, j'ai vraiment péché. C'est pourquoi je supplie la bienheureuse Vierge Marie, les anges et tous les saints, et vous aussi, frères et sœurs, de prier pour moi le Seigneur notre Dieu.

(2) Prends pitié de nous, Seigneur. — ***Nous avons péché contre toi.***
Montre-nous, Seigneur, ta miséricorde. — ***Et donne-nous ton salut.***

(3) Seigneur Jésus, envoyé pour guérir les cœurs qui reviennent vers toi :
Seigneur, prends pitié. — ***Seigneur, prends pitié.***
Ô Christ, venu appeler les pécheurs : ô Christ, prends pitié.
— ***Ô Christ, prends pitié.***
Seigneur, qui sièges à la droite du Père où tu intercèdes pour nous :
Seigneur, prends pitié. — ***Seigneur, prends pitié.***

Que Dieu tout-puissant nous fasse miséricorde ; qu'il nous pardonne nos péchés et nous conduise à la vie éternelle. — ***Amen.***

Ensuite, on chante ou on dit le Kyrie eleison (Seigneur, prends pitié), à moins qu'il n'ait été déjà employé dans une formule de l'acte pénitentiel (c'est le cas de la précédente).

Kyrie, eleison. — ***Kyrie, eleison.***
Christe, eleison. — ***Christe, eleison.***
Kyrie, eleison. — ***Kyrie, eleison.***
ou bien : Seigneur, prends pitié. — ***Seigneur, prends pitié.***
Ô Christ, prends pitié. — ***Ô Christ, prends pitié.***
Seigneur, prends pitié. — ***Seigneur, prends pitié.***

Gloire à Dieu

Gloire à Dieu, au plus haut des cieux, et paix sur la terre aux hommes, qu'il aime. Nous te louons, nous te bénissons, nous t'adorons, nous te glorifions, nous te rendons grâce, pour ton immense gloire, Seigneur Dieu, Roi du ciel, Dieu le Père tout-puissant.
Seigneur, Fils unique, Jésus Christ, Seigneur Dieu,
Agneau de Dieu, le Fils du Père;
toi qui enlèves les péchés du monde, prends pitié de nous;
toi qui enlèves les péchés du monde, reçois notre prière;
toi qui es assis à la droite du Père, prends pitié de nous.
Car toi seul es Saint, toi seul es Seigneur, toi seul es le Très-Haut :
Jésus Christ, avec le Saint-Esprit dans la gloire de Dieu le Père. Amen.

Gloria in excelsis Deo et in terra pax hominibus bonæ voluntatis. Laudamus te, benedicimus te, adoramus te, glorificamus te, gratias agimus tibi propter magnam gloriam tuam, Domine Deus, Rex cælestis, Deus Pater omnipotens. Domine Fili unigenite, Iesu Christe, Domine Deus, Agnus Dei, Filius Patris, qui tollis peccata mundi, miserere nobis; qui tollis peccata mundi, suscipe deprecationem nostram. Qui sedes ad dexteram Patris, miserere nobis.
Quoniam tu solus Sanctus, tu solus Dominus, tu solus Altissimus,
Iesu Christe, cum Sancto Spiritu : in gloria Dei Patris. Amen.

Prière d'ouverture

Voir à la date du jour.

LITURGIE DE LA PAROLE

Voir à la date du jour.

Profession de foi

Symbole de Nicée-Constantinople

Je crois en un seul Dieu, le Père tout-puissant,
créateur du ciel et de la terre, de l'univers visible et invisible.
Je crois en un seul Seigneur, Jésus Christ, le Fils unique de Dieu,
né du Père avant tous les siècles : il est Dieu, né de Dieu,
lumière née de la lumière, vrai Dieu, né du vrai Dieu,
engendré, non pas créé, consubstantiel au Père, et par lui tout a été fait.
Pour nous les hommes, et pour notre salut, il descendit du ciel ;
par l'Esprit Saint, il a pris chair de la Vierge Marie, et s'est fait homme.
Crucifié pour nous sous Ponce Pilate,
il souffrit sa passion et fut mis au tombeau.
Il ressuscita le troisième jour, conformément aux Écritures,
et il monta au ciel ; il est assis à la droite du Père.
Il reviendra dans la gloire, pour juger les vivants et les morts ;
et son règne n'aura pas de fin.
Je crois en l'Esprit Saint, qui est Seigneur et qui donne la vie ;
il procède du Père et du Fils ; avec le Père et le Fils,
il reçoit même adoration et même gloire ; il a parlé par les prophètes.
Je crois en l'Église, une, sainte, catholique et apostolique.
Je reconnais un seul baptême pour le pardon des péchés.
J'attends la résurrection des morts, et la vie du monde à venir. Amen.

Credo in unum Deum, Patrem omnipotentem,
Factorem cæli et terræ, visibilium omnium et invisibilium.
Et in unum Dominum Iesum Christum, Filium Dei unigenitum,
et ex Patre natum ante omnia sæcula.
Deum de Deo, lumen de lumine, Deum verum de Deo vero, genitum,
non factum, consubstantialem Patri : per quem omnia facta sunt.
Qui propter nos homines et propter nostram salutem descendit de cælis.
Et incarnatus est de Spiritu Sancto ex Maria Virgine, et homo factus est.
Crucifixus etiam pro nobis sub Pontio Pilato ;
passus et sepultus est, et resurrexit tertia die, secundum Scripturas,
et ascendit in cælum, sedet ad dexteram Patris.
Et iterum venturus est cum gloria, iudicare vivos et mortuos,
cuius regni non erit finis.
Et in Spiritum Sanctum, Dominum et vivificantem :
qui ex Patre Filioque procedit.
Qui cum Patre et Filio simul adoratur et conglorificatur :
qui locutus est per prophetas.
Et unam, sanctam, catholicam et apostolicam Ecclesiam.
Confiteor unum baptisma in remissionem peccatorum.
Et exspecto resurrectionem mortuorum, et vitam venturi sæculi.
Amen.

Symbole des Apôtres

Je crois en Dieu, le Père tout-puissant, créateur du ciel et de la terre.
Et en Jésus Christ, son Fils unique, notre Seigneur,
qui a été conçu du Saint-Esprit, est né de la Vierge Marie,
a souffert sous Ponce Pilate, a été crucifié, est mort et a été enseveli,
est descendu aux enfers, le troisième jour est ressuscité des morts,
est monté aux cieux, est assis à la droite de Dieu le Père tout-puissant,
d'où il viendra juger les vivants et les morts.
Je crois en l'Esprit Saint, à la sainte Église catholique,
à la communion des saints, à la rémission des péchés,
à la résurrection de la chair, à la vie éternelle. Amen.

Prière universelle

LITURGIE EUCHARISTIQUE

Préparation des dons

Tu es béni, Seigneur, Dieu de l'univers : nous avons reçu de ta bonté le pain
que nous te présentons, fruit de la terre et du travail des hommes ;
il deviendra pour nous le pain de la vie. ***— Béni soit Dieu, maintenant et toujours !***
Comme cette eau se mêle au vin pour le sacrement de l'Alliance,
puissions-nous être unis à la divinité de celui qui a voulu prendre notre humanité.
Tu es béni, Seigneur, Dieu de l'univers : nous avons reçu de ta bonté le vin
que nous te présentons, fruit de la vigne et du travail des hommes ;
il deviendra pour nous le vin du Royaume éternel.
— Béni soit Dieu, maintenant et toujours !

Le cœur humble et contrit, nous te supplions, Seigneur, accueille-nous : que notre sacrifice, en ce jour, trouve grâce devant toi, Seigneur notre Dieu. Lave-moi de mes fautes, Seigneur, et purifie-moi de mon péché.

Prière sur les offrandes

Priez, frères et sœurs : que mon sacrifice, qui est aussi le vôtre, soit agréable à Dieu le Père tout-puissant.

— Que le Seigneur reçoive de vos mains ce sacrifice à la louange et à la gloire de son nom, pour notre bien et celui de toute l'Église.

Ou bien :

Prions ensemble, au moment d'offrir le sacrifice de toute l'Église.

— Pour la gloire de Dieu et le salut du monde.

Prière eucharistique

Le Seigneur soit avec vous. ***— Et avec votre esprit.***
Élevons notre cœur. ***— Nous le tournons vers le Seigneur.***
Rendons grâce au Seigneur notre Dieu. ***— Cela est juste et bon.***

Préfaces

3e préface des dimanches

Notre humanité sauvée par l'humanité du Christ

Vraiment, il est juste et bon, pour ta gloire et notre salut, de t'offrir notre action de grâce, toujours et en tout lieu, Seigneur, Père très saint, Dieu éternel et tout-puissant. Nous reconnaissons le signe de ton immense gloire, quand tu portes secours à la faiblesse humaine par ta puissance divine, mais plus encore quand ton Fils prend notre condition mortelle pour nous guérir de la mort : ainsi, tu fais de notre existence périssable un passage vers le salut, par le Christ, notre Seigneur. Par lui, les anges adorent ta majesté et se réjouissent en ta présence à jamais. À leur hymne de louange, laisse-nous joindre nos voix pour chanter et proclamer:

Saint ! Saint ! Saint...

4e préface des dimanches

L'histoire du salut

Vraiment, il est juste et bon, pour ta gloire et notre salut, de t'offrir notre action de grâce, toujours et en tout lieu, Seigneur, Père très saint, Dieu éternel et tout-puissant, par le Christ, notre Seigneur. Par sa naissance, il a renouvelé la condition humaine destinée à vieillir ; par sa passion, il a effacé nos fautes ; par sa résurrection d'entre les morts, il a donné accès à la vie éternelle ; et par son ascension auprès de toi, notre Père, il a ouvert les portes du ciel. C'est pourquoi, avec la multitude des anges et des saints, nous chantons l'hymne de ta gloire et sans fin nous proclamons : ***Saint ! Saint ! Saint...***

4e préface commune

La louange, don de Dieu

Vraiment, il est juste et bon, pour ta gloire et notre salut, de t'offrir notre action de grâce, toujours et en tout lieu, Seigneur, Père très saint, Dieu éternel et tout-puissant. Tu n'as pas besoin de notre louange, et pourtant c'est toi qui nous donnes de répondre à tes bienfaits en te rendant grâce : nos chants n'ajoutent rien à ce que tu es, mais nous font progresser vers le salut, par le Christ notre Seigneur. C'est pourquoi, unissant nos voix à celles des anges, nous te louons dans la joie en proclamant :

Saint ! Saint ! Saint...

5e préface commune

Proclamation du mystère du Christ

Vraiment, il est juste et bon, pour ta gloire et notre salut, de t'offrir notre action de grâce, toujours et en tout lieu, Seigneur, Père très saint, Dieu éternel et tout-puissant, par le Christ, notre Seigneur. Le rappel de sa mort provoque notre amour, l'annonce de sa résurrection ravive notre foi, et l'attente de sa venue dans la gloire affermit notre espérance. C'est pourquoi, avec les saints et tous les anges, nous te louons et sans fin nous proclamons :

Saint ! Saint ! Saint...

1re préface de la Vierge Marie

La maternité de la bienheureuse Vierge Marie

Vraiment, il est juste et bon, pour ta gloire et notre salut, de t'offrir notre action de grâce, toujours et en tout lieu, Seigneur, Père très saint, Dieu éternel et tout-puissant. En ce jour

• où nous célébrons la *(nommer la fête)* de la bienheureuse Vierge Marie : ...

• où nous célébrons la mémoire de la bienheureuse Vierge Marie : ...

• où nous honorons la bienheureuse Vierge Marie : ... nous voulons te chanter, te bénir et te glorifier. Car elle a conçu ton Fils unique lorsque le Saint-Esprit la couvrit de son ombre, et, gardant pour toujours la gloire de sa virginité, elle a donné au monde la lumière éternelle, Jésus, le Christ, notre Seigneur. Par lui, les anges célèbrent ta grandeur, et les esprits bienheureux adorent ta gloire ; par lui s'inclinent devant toi les puissances d'en haut et tressaillent d'une même allégresse les innombrables créatures des cieux. À leur hymne de louange, laisse-nous joindre nos voix pour chanter et proclamer :

Saint ! Saint ! Saint...

2e préface des Apôtres

Les Apôtres, fondements de l'Église et témoins

Vraiment, il est juste et bon, pour ta gloire et notre salut, de t'offrir notre

action de grâce, toujours et en tout lieu, Seigneur, Père très saint, Dieu éternel et tout-puissant, par le Christ, notre Seigneur. Car tu as fondé ton Église sur les Apôtres, pour qu'elle soit à jamais dans le monde le signe de ta sainteté, et qu'elle enseigne à tous les hommes l'Évangile du royaume des Cieux. C'est pourquoi, dès maintenant et pour l'éternité, nous pouvons te chanter avec tous les anges et, d'un cœur fervent, proclamer :
Saint ! Saint ! Saint…

1re préface des saints

La gloire des saints

Vraiment, il est juste et bon, pour ta gloire et notre salut, de t'offrir notre action de grâce, toujours et en tout lieu, Seigneur, Père très saint, Dieu éternel et tout-puissant. Car tu es glorifié dans l'assemblée des saints : lorsque tu couronnes leurs mérites, tu couronnes tes propres dons. Dans leur vie, tu nous procures un modèle, dans la communion avec eux, une famille, et dans leur intercession, un appui ; afin que, soutenus par de si nombreux témoins, nous courions jusqu'au bout l'épreuve qui nous est proposée et recevions avec eux l'impérissable couronne de gloire, par le Christ, notre Seigneur. C'est pourquoi, avec les anges et les archanges, avec la foule immense des saints, nous chantons l'hymne de ta gloire et sans fin nous proclamons : ***Saint ! Saint ! Saint…***

2e préface des saints martyrs

Les merveilles de Dieu dans la victoire des martyrs

Vraiment, il est juste et bon, pour ta gloire et notre salut, de t'offrir notre action de grâce, toujours et en tout lieu, Seigneur, Père très saint, Dieu éternel et tout-puissant. En louant tes saints martyrs, c'est toi que nous exaltons, et leur passion révèle l'œuvre admirable de ta puissance : tu leur donnes, en ta bonté, de croire avec ardeur, de persévérer sans faiblir et de vaincre dans le combat, par le Christ notre Seigneur. C'est pourquoi le ciel et la terre t'adorent; ils te chantent le cantique nouveau, et nous-mêmes, unissant notre voix à celle des anges, nous t'acclamons : ***Saint! Saint! Saint...***

Préface des saints pasteurs

La présence des saints pasteurs dans l'Église

Vraiment, il est juste et bon, pour ta gloire et notre salut, de t'offrir notre action de grâce, toujours et en tout lieu, Seigneur, Père très saint, Dieu éternel et tout-puissant, par le Christ, notre Seigneur. Tu donnes à ton Église de se réjouir en la fête de saint (des saints) N. : par l'exemple qu'il a (qu'ils ont) donné, tu nous encourages, par son (leur) enseignement, tu nous éclaires, à sa (leur) prière, tu veilles sur nous. C'est pourquoi, avec la multitude des anges et des saints, nous chantons l'hymne de ta gloire et sans fin nous proclamons :

Saint! Saint! Saint...

Préface de la dédicace

Le mystère du temple de Dieu, qu'est l'Église

Vraiment, il est juste et bon, pour ta gloire et notre salut, de t'offrir notre action de grâce, toujours et en tout lieu, Seigneur, Père très saint, Dieu éternel et tout-puissant, par le Christ, notre Seigneur. Dans la maison visible que tu nous as donné de construire, en ce lieu où tu ne cesses d'accueillir ta famille dans son pèlerinage vers toi, tu nous offres le signe et la réalité admirables du mystère de ta communion avec nous : ici, tu construis pour toi le temple vivant que nous sommes, et tu fais grandir l'Église, répandue dans le monde, à la mesure du corps du Seigneur, pour qu'elle devienne, en plénitude, vision de paix, cité céleste, Jérusalem. C'est pourquoi, avec la multitude des bienheureux, nous te louons, nous te bénissons et nous te glorifions dans le temple de ta gloire, en proclamant : ***Saint ! Saint ! Saint...***

Préface des saintes vierges, et des saints religieux ou religieuses

Signification de la vie consacrée

Vraiment, il est juste et bon, pour ta gloire et notre salut, de t'offrir notre action de grâce, toujours et en tout lieu, Seigneur, Père très saint, Dieu éternel et tout-puissant. Nous célébrons les prévenances de ton amour pour tant d'hommes et de femmes parvenus à la sainteté en se donnant au Christ à cause du royaume des Cieux. Par ce mystère d'alliance, tu veux que notre condition humaine retrouve sa splendeur première, et que, dès ici-bas, nous ayons un avant-goût des biens que tu nous donneras dans le monde à venir. C'est pourquoi, avec les saints et tous les anges, nous te louons et sans fin nous proclamons :

Saint ! Saint ! Saint, le Seigneur,
Dieu de l'univers !
Le ciel et la terre sont remplis de ta gloire.
Hosanna au plus haut des cieux.
Béni soit celui qui vient
au nom du Seigneur.
Hosanna au plus haut des cieux.

Sanctus, Sanctus, Sanctus
Dominus Deus Sabaoth.
Pleni sunt cœli et terra gloria tua.
Hosanna in excelsis.
Benedictus qui venit in nomine
Domini. Hosanna in excelsis.

• *Prière eucharistique* **1**
« Toi, Père très aimant... » .... *p. 218*
• *Prière eucharistique* **2**
« Toi qui es vraiment saint... » .... *p. 222*
• *Prière eucharistique* **3**
« Tu es vraiment saint... » .... *p. 224*
• *Prière eucharistique* **4**
« Père très saint... » .... *p. 228*

Prière eucharistique n° 1

(Préfaces : p. 212)

Toi, Père très aimant, nous te prions et te supplions par Jésus Christ, ton Fils, notre Seigneur, d'accepter et de bénir + ces dons, ces offrandes, sacrifice pur et saint, que nous te présentons avant tout pour ta sainte Église catholique : accorde-lui la paix et protège-la, daigne la rassembler dans l'unité et la gouverner par toute la terre ; nous les présentons en union avec ton serviteur notre pape N., notre évêque N., et tous ceux qui gardent fidèlement la foi catholique reçue des Apôtres.

Souviens-toi, Seigneur, de tes serviteurs et de tes servantes (de N. et de N.), et de tous ceux qui sont ici réunis, dont tu connais la foi et l'attachement. Nous t'offrons pour eux, ou ils t'offrent pour eux-mêmes et tous les leurs ce sacrifice de louange, pour leur propre rédemption, pour la paix, et le salut qu'ils espèrent ; ils te rendent cet hommage, à toi, Dieu éternel, vivant et vrai.

(1) **En semaine :**

• Unis dans une même communion, vénérant d'abord la mémoire de la bienheureuse Marie toujours vierge, Mère de notre Dieu et Seigneur, Jésus Christ, •••

(2) **Le dimanche :**

• Unis dans une même communion, nous célébrons le jour où le Christ est ressuscité d'entre les morts ; et vénérant d'abord la mémoire de la bienheureuse Marie toujours vierge, Mère de notre Dieu et Seigneur, Jésus Christ, •••

••• et celle de saint Joseph, son époux, des bienheureux Apôtres et martyrs Pierre et Paul, André, [Jacques et Jean, Thomas, Jacques et Philippe, Barthélemy et Matthieu, Simon et Jude, Lin, Clet, Clément, Sixte, Corneille et Cyprien, Laurent, Chrysogone, Jean et Paul, Côme et

Damien,] et de tous les saints, nous t'en supplions : accorde-nous, par leur prière et leurs mérites, d'être toujours et partout, forts de ton secours et de ta protection. [Par le Christ, notre Seigneur. Amen.]

Voici donc l'offrande que nous présentons devant toi, nous, tes serviteurs, et ta famille entière : Seigneur, dans ta bienveillance, accepte-la. Assure toi-même la paix de notre vie, arrache-nous à la damnation éternelle et veuille nous admettre au nombre de tes élus. [Par le Christ, notre Seigneur. Amen.]

Seigneur Dieu, nous t'en prions, daigne bénir et accueillir cette offrande, accepte-la pleinement, rends-la parfaite et digne de toi : qu'elle devienne pour nous le corps et le sang de ton Fils bien-aimé, Jésus, le Christ, notre Seigneur.

La veille de sa passion, il prit le pain dans ses mains très saintes et, les yeux levés au ciel, vers toi, Dieu, son Père tout-puissant, en te rendant grâce il dit la bénédiction, il rompit le pain, et le donna à ses disciples, en disant :
« **Prenez, et mangez-en tous** : ceci est mon corps livré pour vous. »
De même, après le repas, il prit cette coupe incomparable dans ses mains très saintes; et, te rendant grâce à nouveau, il dit la bénédiction, et donna la coupe à ses disciples, en disant :
« **Prenez, et buvez-en tous,** car ceci est la coupe de mon sang, le sang de l'Alliance nouvelle et éternelle, qui sera versé pour vous et pour la multitude en rémission des péchés. Vous ferez cela en mémoire de moi. »

(1) Il est grand, le mystère de la foi :
— Nous annonçons ta mort, Seigneur Jésus, nous proclamons ta résurrection, nous attendons ta venue dans la gloire.

Prière eucharistique n° 1

(2) Acclamons le mystère de la foi :
— Quand nous mangeons ce pain et buvons à cette coupe, nous annonçons ta mort, Seigneur ressuscité, et nous attendons que tu viennes.

(3) Qu'il soit loué, le mystère de la foi :
— Sauveur du monde, sauve-nous ! Par ta croix et ta résurrection, tu nous as libérés.

ou :

Proclamons le mystère de la foi :
— Gloire à toi qui étais mort, gloire à toi qui es vivant, notre Sauveur et notre Dieu : viens, Seigneur Jésus !

Mysterium fidei.
(1) *– Mortem tuam annuntiamus, Domine, et tuam resurrectionem confitemur, donec venias.*
(2) *– Quotiescumque manducamus panem hunc et calicem bibimus, mortem tuam annuntiamus, Domine, donec venias.*
(3) *– Salvator mundi, salva nos, qui per crucem et resurrectionem tuam liberasti nos.*

Voilà pourquoi nous, tes serviteurs, et ton peuple saint avec nous, faisant mémoire de la passion bienheureuse de ton Fils, Jésus, le Christ, notre Seigneur, de sa résurrection du séjour des morts et de sa glorieuse ascension dans le ciel, nous te présentons, Dieu de gloire et de majesté, cette offrande prélevée sur les biens que tu nous donnes, le sacrifice pur et saint, le sacrifice parfait, pain de la vie éternelle et coupe du salut. Et comme il t'a plu d'accueillir les présents de ton serviteur Abel le Juste, le sacrifice d'Abraham, notre père dans la foi, et celui que t'offrit Melkisédek, ton grand prêtre, oblation sainte et immaculée, regarde ces offrandes avec amour et, dans ta bienveillance, accepte-les. Nous t'en supplions, Dieu tout-puissant : qu'elles soient portées par les mains de ton saint Ange en présence de ta gloire, sur ton autel céleste, afin qu'en recevant ici, par notre communion à l'autel, le corps et le sang très saints de ton Fils, nous soyons comblés de la grâce et de toute bénédiction du ciel. [Par le Christ, notre Seigneur. Amen.]

Souviens-toi aussi, Seigneur, de tes serviteurs et de tes servantes (de N. et N.) qui nous ont précédés, marqués du signe de la foi, et qui dorment dans la paix. Pour eux et pour tous ceux qui reposent dans le Christ, nous implorons ta bonté, Seigneur : qu'ils demeurent dans la joie, la lumière et la paix. [Par le Christ, notre Seigneur. Amen.]

Et nous pécheurs, tes serviteurs, qui mettons notre espérance en ta miséricorde inépuisable, admets-nous dans la communauté des saints Apôtres et martyrs, avec Jean Baptiste, Étienne, Matthias et Barnabé, [Ignace, Alexandre, Marcellin et Pierre, Félicité et Perpétue, Agathe, Lucie, Agnès, Cécile, Anastasie,] et tous les saints ; nous t'en prions, accueille-nous dans leur compagnie, sans nous juger sur le mérite mais en accordant largement ton pardon. Par le Christ, notre Seigneur. Par lui, tu ne cesses de créer tous ces biens, tu les sanctifies, leur donnes la vie, les bénis, et nous en fais le don.

Par lui, avec lui et en lui, à toi, Dieu le Père tout-puissant, dans l'unité du Saint-Esprit, tout honneur et toute gloire, pour les siècles des siècles.

— Amen.

Vient ensuite le rite de la communion, p. 231.

Prière eucharistique nº 2

(On peut aussi choisir une autre préface.)

Vraiment, Père très saint, il est juste et bon, pour ta gloire et notre salut, de t'offrir notre action de grâce, toujours et en tout lieu, par ton Fils bien-aimé, Jésus, le Christ : il est ta parole par qui tu as créé toutes choses ; c'est lui que tu nous as envoyé comme Rédempteur et Sauveur, Dieu fait homme, conçu de l'Esprit Saint, né de la Vierge Marie. Pour accomplir jusqu'au bout ta volonté et rassembler un peuple saint qui t'appartienne, il étendit les mains à l'heure de sa passion, afin de briser la mort, et de manifester la résurrection. C'est pourquoi, avec les anges et tous les saints, nous chantons ta gloire, et d'une seule voix nous proclamons :

Saint ! Saint ! Saint,
le Seigneur, Dieu de l'univers !
Le ciel et la terre sont
remplis de ta gloire.
Hosanna au plus haut des cieux.
Béni soit celui qui vient
au nom du Seigneur.
Hosanna au plus haut des cieux.

(Voir p. 217 pour la version latine.)

(1) En semaine :

• Toi qui es vraiment saint, toi qui es la source de toute sainteté, Seigneur, nous te prions : •••

(2) Le dimanche :

• Toi qui es vraiment saint, toi qui es la source de toute sainteté, Dieu notre Père, nous voici rassemblés devant toi, et, dans la communion de toute l'Église, nous célébrons le jour où le Christ est ressuscité d'entre les morts. Par lui que tu as élevé à ta droite, nous te prions : •••

••• Sanctifie ces offrandes en répandant sur elles ton Esprit ; qu'elles deviennent pour nous le corps et ✠ le sang de Jésus, le Christ, notre Seigneur.

Prière eucharistique nº 2

Au moment d'être livré et d'entrer librement dans sa passion, il prit le pain, il rendit grâce, il le rompit et le donna à ses disciples, en disant :
« Prenez, et mangez-en tous : ceci est mon corps livré pour vous. »

De même, après le repas, il prit la coupe ; de nouveau il rendit grâce, et la donna à ses disciples, en disant :
« Prenez, et buvez-en tous, car ceci est la coupe de mon sang, le sang de l'Alliance nouvelle et éternelle, qui sera versé pour vous et pour la multitude en rémission des péchés. Vous ferez cela en mémoire de moi. »

(1) Il est grand, le mystère de la foi :
— Nous annonçons ta mort, Seigneur Jésus, nous proclamons ta résurrection, nous attendons ta venue dans la gloire.

(2) Acclamons le mystère de la foi :
— Quand nous mangeons ce pain et buvons à cette coupe, nous annonçons ta mort, Seigneur ressuscité, et nous attendons que tu viennes.

(3) Qu'il soit loué, le mystère de la foi :
— Sauveur du monde, sauve-nous !
Par ta croix et ta résurrection,
tu nous as libérés.

ou :
Proclamons le mystère de la foi :
— Gloire à toi qui étais mort,
gloire à toi qui es vivant,
notre Sauveur et notre Dieu :
viens, Seigneur Jésus !
(Voir p. 220 pour la version latine.)

En faisant ainsi mémoire de la mort et de la résurrection de ton Fils, nous t'offrons, Seigneur, le pain de la vie et la coupe du salut, et nous te rendons grâce, car tu nous as estimés dignes de nous tenir devant toi pour te servir. Humblement, nous te demandons qu'en ayant part au corps et au sang du Christ, nous soyons rassemblés par l'Esprit Saint en un seul corps.

Souviens-toi, Seigneur, de ton Église répandue à travers le monde : fais-la grandir dans ta charité en union avec notre pape N., notre évêque N., et tous les évêques, les prêtres et les diacres.

Souviens-toi aussi de nos frères et sœurs qui se sont endormis dans l'espérance de la résurrection, et souviens-toi, dans ta miséricorde, de tous les défunts : accueille-les dans la lumière de ton visage.

Sur nous tous enfin, nous implorons ta bonté : permets qu'avec la Vierge Marie, la bienheureuse Mère de Dieu, avec saint Joseph, son époux, les Apôtres et tous les saints qui ont fait ta joie au long des âges, nous ayons part à la vie éternelle et que nous chantions ta louange et ta gloire, par ton Fils Jésus, le Christ.

Par lui, avec lui et en lui, à toi, Dieu le Père tout-puissant, dans l'unité du Saint-Esprit, tout honneur et toute gloire, pour les siècles des siècles.

— Amen.

Vient ensuite le rite de la communion, p. 231.

Prière eucharistique n° 3

(Préfaces : p. 212)

Tu es vraiment saint, Dieu de l'univers, et il est juste que toute la création proclame ta louange, car c'est toi qui donnes la vie, c'est toi qui sanctifies toutes choses, par ton Fils, Jésus Christ, notre Seigneur, avec la puissance de l'Esprit Saint ; et tu ne cesses de rassembler ton peuple, afin que, du levant au couchant du soleil, une offrande pure soit présentée à ton nom.

Prière eucharistique n° 3

(1) **En semaine :**

• C'est pourquoi nous te supplions, Seigneur, de consacrer toi-même les offrandes que nous apportons : •••

(2) **Le dimanche :**

• C'est pourquoi nous voici rassemblés devant toi, Dieu notre Père, et, dans la communion de toute l'Église, nous célébrons le jour où le Christ est ressuscité d'entre les morts. Par lui, que tu as élevé à ta droite, nous te supplions de consacrer toi-même les offrandes que nous apportons : •••

••• Sanctifie-les par ton Esprit pour qu'elles deviennent le corps ✠ et le sang de ton Fils, Jésus Christ, notre Seigneur, qui nous a dit de célébrer ce mystère.

La nuit même où il fut livré, il prit le pain, en te rendant grâce il dit la bénédiction, il rompit le pain, et le donna à ses disciples, en disant :
« **Prenez, et mangez-en tous** : ceci est mon corps livré pour vous. »
De même, après le repas, il prit la coupe ; en te rendant grâce il dit la bénédiction, et donna la coupe à ses disciples, en disant :
« **Prenez, et buvez-en tous**, car ceci est la coupe de mon sang, le sang de l'Alliance nouvelle et éternelle, qui sera versé pour vous et pour la multitude en rémission des péchés. Vous ferez cela en mémoire de moi. »

(1) Il est grand, le mystère de la foi :
— Nous annonçons ta mort, Seigneur Jésus, nous proclamons ta résurrection, nous attendons ta venue dans la gloire.

(2) Acclamons le mystère de la foi :
— Quand nous mangeons ce pain et buvons à cette coupe, nous annonçons ta mort, Seigneur ressuscité, et nous attendons que tu viennes.

Prière eucharistique n° 3

(3) Qu'il soit loué, le mystère de la foi :
— Sauveur du monde, sauve-nous !
Par ta croix et ta résurrection,
tu nous as libérés.
ou: Proclamons le mystère de la foi :
— Gloire à toi qui étais mort, gloire à toi qui es vivant, notre Sauveur et notre Dieu : viens, Seigneur Jésus !
(Voir p. 220 pour la version latine.)

En faisant ainsi mémoire de ton Fils, de sa passion qui nous sauve, de sa glorieuse résurrection et de son ascension dans le ciel, alors que nous attendons son dernier avènement, nous t'offrons, Seigneur, en action de grâce, ce sacrifice vivant et saint. Regarde, nous t'en prions, l'oblation de ton Église, et daigne y reconnaître ton Fils qui, selon ta volonté, s'est offert en sacrifice pour nous réconcilier avec toi. Quand nous serons nourris de son corps et de son sang, et remplis de l'Esprit Saint, accorde-nous d'être un seul corps et un seul esprit dans le Christ.

Que l'Esprit Saint fasse de nous une éternelle offrande à ta gloire, pour que nous obtenions un jour l'héritage promis, avec tes élus : en premier lieu la bienheureuse Vierge Marie, Mère de Dieu, avec saint Joseph, son époux, les bienheureux Apôtres, les glorieux martyrs, (saint N.) et tous les saints, qui ne cessent d'intercéder auprès de toi et nous assurent de ton secours.

Et maintenant nous te supplions, Seigneur : par le sacrifice qui nous réconcilie avec toi, étends au monde entier le salut et la paix. Affermis ton Église, en pèlerinage sur la terre, dans la foi et la charité, en union avec ton serviteur notre pape N., et notre évêque N., l'ensemble des évêques, les prêtres, les diacres, et tout le peuple que tu as racheté. Écoute, en ta bonté, les prières de ta famille, que tu as voulu rassembler devant toi. Dans ta miséricorde, ramène à toi, Père très aimant, tous tes enfants dispersés.

Pour nos frères et sœurs défunts, et pour tous ceux qui ont quitté ce monde et trouvent grâce devant toi, nous te prions : en ta bienveillance, accueille-les dans ton Royaume, où nous espérons être comblés de ta gloire, tous ensemble et pour l'éternité, par le Christ, notre Seigneur, par qui tu donnes au monde toute grâce et tout bien.

Par lui, avec lui et en lui, à toi, Dieu le Père tout-puissant, dans l'unité du Saint-Esprit, tout honneur et toute gloire, pour les siècles des siècles.

— Amen.

Vient ensuite le rite de la communion, p. 231.

Prière eucharistique nº 4

Vraiment, il est bon de te rendre grâce, il est juste et bon de te glorifier, Père très saint, car tu es le seul Dieu, le Dieu vivant et vrai : toi qui es avant tous les siècles, tu demeures éternellement, lumière au-delà de toute lumière. Toi, le Dieu de bonté, la source de la vie, tu as fait le monde pour que toute créature soit comblée de tes bénédictions, et que beaucoup se réjouissent de l'éclat de ta lumière. Ainsi, la foule innombrable des anges qui te servent jour et nuit se tiennent devant toi, et, contemplant la splendeur de ta face, n'interrompent jamais leur louange. Unis à leur hymne d'allégresse, avec la création tout entière qui t'acclame par nos voix, Dieu, nous te chantons (louons) :

Saint ! Saint ! Saint,
le Seigneur, Dieu de l'univers !
Le ciel et la terre sont remplis
de ta gloire.
Hosanna au plus haut des cieux.
Béni soit celui qui vient
au nom du Seigneur.
Hosanna au plus haut des cieux.

(Voir p. 217 pour la version latine.)

Prière eucharistique n° 4

Père très saint, nous proclamons que tu es grand et que tu as fait toutes choses avec sagesse et par amour : tu as créé l'homme à ton image et tu lui as confié l'univers, afin qu'en te servant, toi seul, son Créateur, il règne sur la création. Comme il avait perdu ton amitié par sa désobéissance, tu ne l'as pas abandonné au pouvoir de la mort. Dans ta miséricorde, tu es venu en aide à tous les hommes pour qu'ils te cherchent et puissent te trouver. Tu as multiplié les alliances avec eux, et tu les as formés, par les prophètes, dans l'espérance du salut. Tu as tellement aimé le monde, Père très saint, que tu nous as envoyé ton Fils unique, lorsque les temps furent accomplis, pour qu'il soit notre Sauveur. Dieu fait homme, conçu de l'Esprit Saint, né de la Vierge Marie, il a vécu notre condition humaine en toute chose, excepté le péché, annonçant aux pauvres la bonne nouvelle du salut ; aux captifs, la délivrance ; aux affligés, la joie. Pour accomplir le dessein de ton amour, il s'est livré lui-même à la mort, et, par sa résurrection, il a détruit la mort et renouvelé la vie. Afin que désormais notre vie ne soit plus à nous-mêmes, mais à lui qui est mort et ressuscité pour nous, il a envoyé d'auprès de toi, Père, comme premier don fait aux croyants, l'Esprit Saint qui continue son œuvre dans le monde et achève toute sanctification.

Que ce même Esprit Saint, nous t'en prions, Seigneur, sanctifie ces offrandes : qu'elles deviennent ainsi le corps ✠ et le sang de notre Seigneur Jésus, le Christ, dans la célébration de ce grand mystère, que lui-même nous a laissé en signe de l'Alliance éternelle.

Quand l'heure fut venue où tu allais le glorifier, Père très saint, comme il avait aimé les siens qui étaient dans le monde, il les aima jusqu'au bout : pendant le repas qu'il partageait avec eux, il prit le pain, dit la bénédiction,

le rompit et le donna à ses disciples, en disant :
« **Prenez, et mangez-en tous** : ceci est mon corps livré pour vous. »
De même, il prit la coupe remplie de vin, il rendit grâce, et la donna à ses disciples, en disant :
« **Prenez, et buvez-en tous**, car ceci est la coupe de mon sang, le sang de l'Alliance nouvelle et éternelle, qui sera versé pour vous et pour la multitude en rémission des péchés. Vous ferez cela en mémoire de moi. »

(1) Il est grand, le mystère de la foi :
— Nous annonçons ta mort,
Seigneur Jésus,
nous proclamons ta résurrection,
nous attendons ta venue
dans la gloire.
(2) Acclamons le mystère de la foi :
— Quand nous mangeons ce pain et
buvons à cette coupe, nous annonçons
ta mort, Seigneur ressuscité,
et nous attendons que tu viennes.

(3) Qu'il soit loué, le mystère de la foi :
— Sauveur du monde, sauve-nous !
Par ta croix et ta résurrection,
tu nous as libérés.
ou :
Proclamons le mystère de la foi :
— Gloire à toi qui étais mort,
gloire à toi qui es vivant,
notre Sauveur et notre Dieu :
viens, Seigneur Jésus !
(Voir p. 220 pour la version latine.)

Voilà pourquoi, Seigneur, nous célébrons aujourd'hui le mémorial de notre rédemption : en rappelant la mort du Christ et sa descente au séjour des morts, en proclamant sa résurrection et son ascension à ta droite, en attendant sa venue dans la gloire, nous t'offrons son corps et son sang, le sacrifice qui est digne de toi et qui sauve le monde entier. Regarde, Seigneur, celui qui s'offre dans le sacrifice que toi-même as préparé pour ton Église, et, dans ta bonté, accorde à tous

Prière eucharistique n° 4

ceux qui vont partager ce pain et boire à cette coupe d'être rassemblés par l'Esprit Saint en un seul corps, pour qu'ils deviennent eux-mêmes dans le Christ une vivante offrande à la louange de ta gloire.

Et maintenant, Seigneur, rappelle-toi tous ceux pour qui nous offrons le sacrifice ; en premier lieu, ton serviteur notre pape N., notre évêque N., et l'ensemble des évêques, les prêtres et les diacres, les fidèles qui présentent cette offrande, les membres de notre assemblée, le peuple entier qui t'appartient, et tous ceux qui te cherchent avec droiture.

Souviens-toi aussi de ceux qui sont morts dans la paix du Christ, et de tous les défunts dont toi seul connais la foi.

À nous qui sommes tes enfants, accorde, Père très bon, l'héritage de la vie éternelle auprès de la Vierge Marie, la bienheureuse Mère de Dieu, auprès de saint Joseph, son époux, des Apôtres et de tous les saints, dans ton Royaume. Nous pourrons alors, avec la création tout entière, enfin libérée de la corruption du péché et de la mort, te glorifier par le Christ, notre Seigneur, par qui tu donnes au monde toute grâce et tout bien.

Par lui, avec lui et en lui, à toi, Dieu le Père tout-puissant, dans l'unité du Saint-Esprit, tout honneur et toute gloire, pour les siècles des siècles.
— Amen.

Vient ensuite le rite de la communion, p. 231.

RITE DE LA COMMUNION

Notre Père

(1) Comme nous l'avons appris du Sauveur, et selon son commandement, nous osons dire :

(2) Unis dans le même Esprit, nous pouvons dire avec confiance la prière que nous avons reçue du Sauveur :

> Notre Père qui es aux cieux, que ton nom soit sanctifié,
> que ton règne vienne, que ta volonté soit faite sur la terre comme au ciel.
> Donne-nous aujourd'hui notre pain de ce jour. Pardonne-nous nos offenses,
> comme nous pardonnons aussi à ceux qui nous ont offensés.
> Et ne nous laisse pas entrer en tentation, mais délivre-nous du Mal.

(3) *Præceptis salutaribus moniti, et divina institutione formati, audemus dicere : Pater noster, qui es in cælis : sanctificetur nomen tuum ; adveniat regnum tuum ; fiat voluntas tua, sicut in cælo, et in terra. Panem nostrum cotidianum da nobis hodie ; et dimitte nobis debita nostra, sicut et nos dimittimus debitoribus nostris ; et ne nos inducas in tentationem ; sed libera nos a malo.*

Délivre-nous de tout mal, Seigneur, et donne la paix à notre temps : soutenus par ta miséricorde, nous serons libérés de tout péché, à l'abri de toute épreuve, nous qui attendons que se réalise cette bienheureuse espérance : l'avènement de Jésus Christ, notre Sauveur.

— Car c'est à toi qu'appartiennent le règne,
la puissance et la gloire pour les siècles des siècles !

Échange de la paix

Seigneur Jésus Christ, tu as dit à tes Apôtres : « Je vous laisse la paix, je vous donne ma paix » ; ne regarde pas nos péchés mais la foi de ton Église ; pour que ta volonté s'accomplisse, donne-lui toujours cette paix, et conduis-la vers l'unité parfaite, toi qui vis et règnes pour les siècles des siècles. – ***Amen.***
Que la paix du Seigneur soit toujours avec vous. – ***Et avec votre esprit.***
Dans la charité du Christ, donnez-vous la paix.

Fraction du pain

Que le corps et le sang de notre Seigneur Jésus Christ,
réunis dans cette coupe, nourrissent en nous la vie éternelle.

Agneau de Dieu

Agneau de Dieu, qui enlèves les péchés du monde, prends pitié de nous. *(bis)*
Agneau de Dieu, qui enlèves les péchés du monde, donne-nous la paix.

Agnus Dei, qui tollis peccata mundi, miserere nobis. (bis)
Agnus Dei, qui tollis peccata mundi, dona nobis pacem.

Communion

(1) *Seigneur Jésus Christ, Fils du Dieu vivant, selon la volonté du Père et avec la puissance du Saint-Esprit, tu as donné, par ta mort, la vie au monde ; que ton corps et ton sang très saints me délivrent de mes péchés et de tout mal ; fais que je demeure fidèle à tes commandements et que jamais je ne sois séparé de toi.*

(2) Seigneur Jésus Christ, que cette communion à ton corps et à ton sang n'entraîne pour moi ni jugement ni condamnation; mais que, par ta bonté, elle soutienne mon esprit et mon corps et me donne la guérison.

Voici l'Agneau de Dieu, voici celui qui enlève les péchés du monde.
Heureux les invités au repas des noces de l'Agneau!
— Seigneur, je ne suis pas digne de te recevoir;
mais dis seulement une parole, et je serai guéri.

Chant de communion *ou antienne de la communion.*

Prière après la communion *voir à la date du jour.*

RITE DE CONCLUSION

Le Seigneur soit avec vous.
— Et avec votre esprit.
Que Dieu tout-puissant vous bénisse, le Père, et le Fils, + et le Saint-Esprit.
— Amen.

Puis le diacre, ou le prêtre lui-même, les mains jointes, tourné vers l'assemblée, dit:
(1) Allez, dans la paix du Christ.
(2) Allez porter l'Évangile du Seigneur.
(3) Allez en paix, glorifiez le Seigneur par votre vie.
(4) Allez en paix.
— Nous rendons grâce à Dieu.

Chants pour la célébration

Les chants en rouge sont consultables à la page indiquée. **Les chants en noir** sont référencés avec leur cote SECLI

	Ouverture	Renvoi	Communion / Action de grâce	Renvoi
5 oct.	Dieu nous éveille à la foi	p. 235	C'est toi, Seigneur, le pain rompu	D293
	Sur les routes de l'Alliance	G321	Le voici, le don de Dieu	D36-81-4
	Écoute la voix du Seigneur	X548	En marchant vers toi, Seigneur	p. 242
12 oct.	Ne craignez pas	R559	Nous t'avons reconnu, Seigneur	D59-24
	Il est venu marcher	M157-4	Couronnée d'étoiles	V44-58
	Ô mon Dieu, tu es grand	p. 236	Pain donné pour notre vie	p. 244
19 oct.	Rassemblés dans ta maison de lumière	A63-74-2	Voici le le corps et le sang du Seigneur	D44-80
	Laisserons-nous à notre table	D577	Tenons en éveil la mémoire du Seigneur	p. 246
	Peuple pour la justice	p. 238	Tu entends mon cri	DEV327
26 oct.	Au cœur de ce monde	p. 240	Les pauvres mangeront	YD92
	Criez de joie, pauvres de cœur	EDIT159	Tu fais ta demeure en nous	p. 241
	N'aie pas peur	R249	Vous serez vraiment grands	p. 241

Suggestions pour octobre 2025 proposées par Thibault Van Den Driessche, avec ChantonsenÉglis

Dieu nous éveille à la foi *(Ouverture)*

IA20-70-3 ; T. : CFC/CNPL ; M. : Fr. B.-M. Barthez (CNA 546) ; Kinnor.

② Dieu nous convoque à la joie :
voici le jour que fit le Seigneur !
Notre berger, le Christ, est vainqueur :
il nous rassemble !

③ Dieu nous invite au repas :
voici le jour que fit le Seigneur !
L'amour donné, plus fort que nos peurs,
ouvre au partage !

Ô mon Dieu, tu es grand *(Ouverture)*

EDIT17-17; T. et M. : Communauté du Chemin Neuf; Éd. AME.

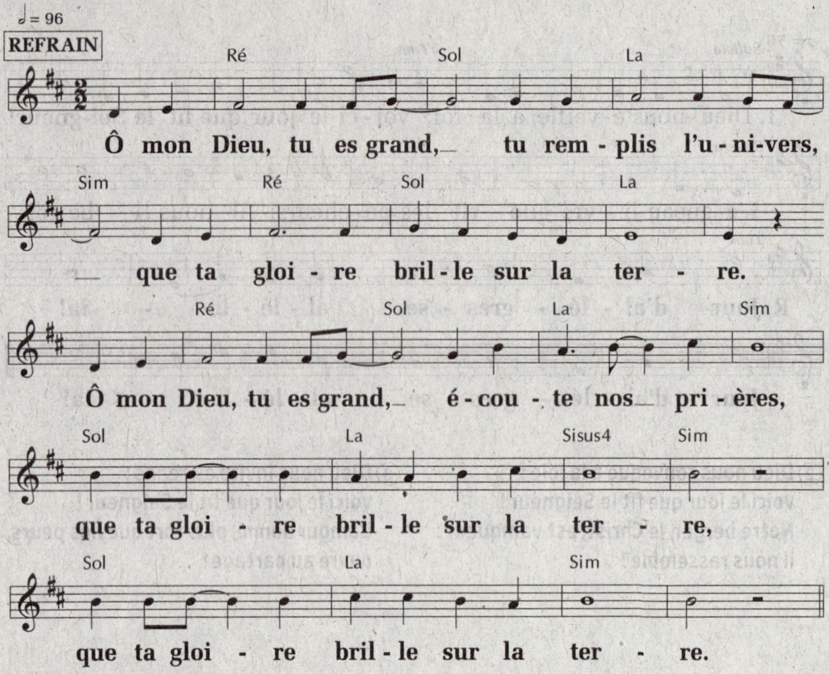

COUPLETS

Ré Mim7 Fa#m7 Sim
1. Me voi - ci, je viens, ô mon Dieu,
2. J'ai con-fiance en toi, mon Sei-gneur,
3. Sois bé - ni, Sei-gneur, sois bé - ni,
Ré Mim7 La7sus4 La7
1. près de toi je cherche un a - bri.
2. que mon chant s'é - lè - ve vers toi.
3. ton a - mour pour nous est si fort.
Sim Fa#m Sim Sol
1. Je viens me ré - fu - gier à l'om-bre de tes ailes
2. Ré - veil - le - toi mon cœur, ré - veil - le - toi ma harpe,
3. Que tous les peu-ples de la ter - re te con-naissent
Mim7 Ré La
1. et j'im - plo - re, Sei-gneur, ton se - cours.
2. que ray - on - ne l'é - clat du ma - tin.
3. qu'ils en - ten - dent chan - ter pour ton nom.

Peuple pour la justice (Ouverture)

KP45-37-2; T. : D. Rimaud © CNPL; M. : C. Villeneuve; Éd. Jubilus – Voix Nouvelles.

COUPLETS ♩ = 80

Sim7 Lam7(♭5) Sol7M
1. à 6. n'en - tends - tu pas la voix de l'Es - prit - Saint
Do7 Fa7M Sim
dans la ru - meur du mon - de ?
REFRAIN
Legato – pas fort
Mim Sim7 Do7 Sim7 Lam7
mp Rien ne pour - ra te sé - pa - rer de l'in - vin - cible a-mour de
Ré Lam7 Sim Lam7 Ré
Dieu ; dé - jà tu es vic - to - ri - eux
Sol Lam Sim7 Lam7 Rém Lam Sim7(♭5) Mi
mf en Jé-sus Christ tu es sau-vé : il est le Sei - gneur !

Au cœur de ce monde *(Ouverture)*

A238-1 ; T. : D. Rimaud/©CNPL ; M. : J. Berthier ; Studio SM.

Refrain : **Au cœur de ce monde, le souffle de l'Esprit**
fait retentir le cri de la Bonne Nouvelle !
Au cœur de ce monde, le souffle de l'Esprit
met à l'œuvre aujourd'hui des énergies nouvelles !

① **Voyez ! Les pauvres sont heureux : ils sont premiers dans le Royaume !**
Voyez ! Les artisans de paix : ils démolissent leurs frontières !
Voyez ! Les hommes au cœur pur : ils trouvent Dieu en toute chose !

② **Voyez ! Les affamés de Dieu : ils font régner toute justice !**
Voyez ! Les amoureux de Dieu : ils sont amis de tous les hommes !
Voyez ! Ceux qui ont foi en Dieu : ils font que dansent les montagnes !

③ **Voyez ! Le peuple est dans la joie : l'amour l'emporte sur la haine !**
Voyez ! Les faibles sont choisis : les orgueilleux n'ont plus de trône !
Voyez ! Les doux qui sont vainqueurs : ils ont la force des colombes !

Tu fais ta demeure en nous *(Communion)*

D56-49 ; T. et M. : Chants de l'Emmanuel (S. Drouineau) ; Éd. de l'Emmanuel.

Refrain : **Tu es là présent, livré pour nous. Toi le tout-petit, le serviteur.**
Toi, le Tout-Puissant, humblement tu t'abaisses.
Tu fais ta demeure en nous, Seigneur.

① **Le pain que nous mangeons, le vin que nous buvons, c'est ton corps et ton sang !**
Tu nous livres ta vie, tu nous ouvres ton cœur, tu fais ta demeure en nous, Seigneur.

② **Par le don de ta vie, tu désires aujourd'hui reposer en nos cœurs !**
Brûlé de charité, assoiffé d'être aimé, tu fais ta demeure en nous, Seigneur.

Vous serez vraiment grands *(Action de grâce)*

DEV525 ; T. : P. Marie-Joseph (Aloyse Gerber) ; M. : J.-B. du Jonchay ; Le Carmel.

En marchant vers toi, Seigneur (Communion)

D380 ; T. : J.-P. Lécot ; M. : prose ancienne ; Éd. Pierre Zech.

② Dieu nous aime le premier,
d'un amour fidèle et sûr,
il nous donne Jésus Christ,
qui nous sauve de la mort
en mourant sur une croix.

③ Dieu demeure dans nos cœurs,
et nous offre son amour,
mais si nous l'aimons vraiment,
nous devons aimer aussi
tous nos frères, près de nous.

④ Rendons gloire à notre Dieu,
créateur de l'univers,
à Jésus ressuscité,
à l'Esprit de charité,
maintenant et à jamais !

Pour la communion, prendre les couplets suivants :

⑤ Par ce pain que nous mangeons,
pain des pauvres, pain des forts,
tu restaures notre corps,
tu apaises notre faim
jusqu'au jour de ton retour.

⑥ Par ce pain que nous mangeons,
pain des anges, pain du ciel,
tu nourris nos corps mortels,
tu nous ouvres le banquet
qui n'aura jamais de fin.

⑦ Par ce pain que nous mangeons,
pain unique, pain rompu,
tu rassembles les croyants,
peuple saint de baptisés
appelés à l'unité.

⑧ Par ce vin que nous buvons,
joie de l'homme joie de Dieu,
ton alliance est révélée.
Au royaume des vivants,
nous boirons le vin nouveau !

⑨ Par ce vin que nous buvons,
source vive de l'amour,
nous restons en communion
avec Dieu vivant et vrai,
Père, Fils et Saint-Esprit.

Chants

Pain donné pour notre vie (Communion)

D32-10 ; T. : C. Bernard ; M. : J.-J. Roux ; ADF – Studio SM.

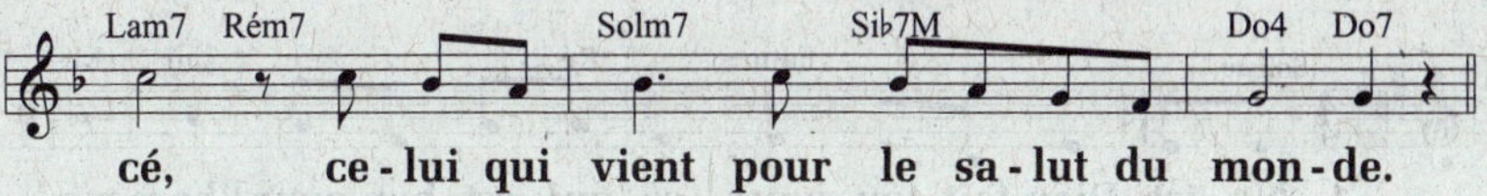

② Voici la manne pour ton peuple en chemin,
le pain du ciel reçu des mains du Père.
Qui vient vers toi ne connaîtra plus la faim,
celui qui croit verra des eaux nouvelles.

③ Nous le croyons, tu es le pain de la vie.
Louange à toi, Seigneur qui nous relèves !
Nous marcherons au long des jours et des nuits ;
nul ne mourra, ce pain nous fait renaître.

④ Toi la Sagesse, tu prépares un banquet,
nous accueillons le vin de ta parole.
Voici la table où tes amis sont comblés,
voici la chair, le sang du Fils de l'homme.

⑤ Vers qui marcher sinon vers toi, le Seigneur ?
L'Esprit nous parle avec tes mots lumière.
Nous choisissons de te servir de tout cœur,
tu nous conduis jusqu'à la joie du Père.

Tenons en éveil la mémoire du Seigneur *(Action de grâce)*

C243-1 ; T. : D. Rimaud/© CNPL ; M. : J. Berthier ; ADF – Studio SM.

② Notre Dieu a voulu voir en nous son image.
Alléluia, bénissons-le !
Sa tendresse nous dit de rechercher sa face.
Alléluia, bénissons-le !
Pour lui rendre la joie dont l'Église est heureuse.

③ Notre Dieu nous maintient au couvert de son ombre.
Alléluia, bénissons-le !
Il nous prend dans la nuit qui nous tourne vers Pâques.
Alléluia, bénissons-le !
Pour lui rendre l'honneur que lui rendent les anges.

④ Notre Dieu nous choisit pour sa Bonne Nouvelle.
Alléluia, bénissons-le !
Il suscite partout des énergies nouvelles.
Alléluia, bénissons-le !
Pour lui rendre la vie qu'il nous donne à mains pleines.

⑤ Notre Dieu nous permet de chanter sa louange.
Alléluia, bénissons-le !
Il écoute son Fils dans le cri de nos hymnes.
Alléluia, bénissons-le !
Pour lui rendre la voix qu'il a mise en nos bouches.

CHANTS POUR L'ORDINAIRE

MESSE DE SAINT JEAN

Kyrie

T. : Missel Romain ; M. : Communauté de l'Emmanuel (M. Hagemann) ; Éd. : l'Emmanuel.

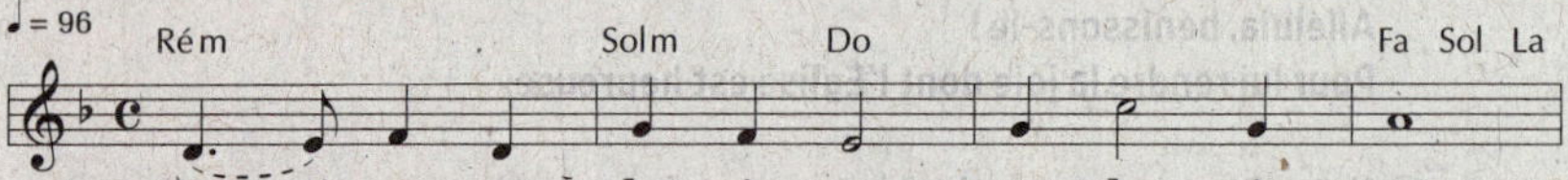

1. & 3. Ky - ri - e, e - le - i - son, e - le - i - son.
2. Chris - te, e - le - i - son, e - le - i - son.

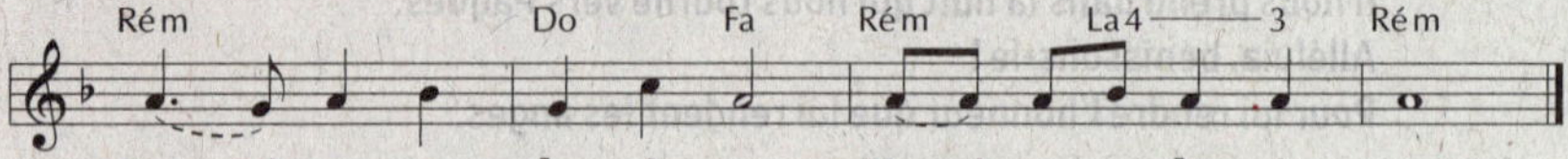

1. & 3. Ky - ri - e, e - le - i - son. Ky - ri - e, e - le - i - son.
2. Chris - te, e - le - i - son. Chris - te, e - le - i - son.

Gloria

T. : AELF ; M. : Communauté de l'Emmanuel (M. Hagemann) ; Éd. : l'Emmanuel

Glo - ri - a, glo - ri - a, in ex - cel - sis De - o.

Glo - ri - a, glo - ri - a, in ex-cel-sis De - o.

Rém Solm Do
et paix sur la ter - re aux hom-mes, qu'Il ai - me.
Fa Sol La Rém Sib
Nous te lou-ons, nous te bé - nis - sons, nous t'a - do-rons,
Do Fa Rém Sib
nous te glo - ri - fions, nous te ren-dons grâ - ce, pour
Do Fa Do Fa Sol La
ton im-men-se gloi - re, Sei-gneur Dieu, Roi du ciel,
Rém Solm Do
Dieu le Pè - re tout-puis-sant. Sei-gneur Fils u - ni - que,
Fa Sol La Rém Sib Do Fa
Jé - sus Christ, Sei-gneur Dieu, A - gneau de Dieu, le

Do Fa Sol La Rém
Fils du Pè - re ; toi qui en - lè - ves
Solm Do Fa Sol La
les pé - chés du mon - de, prends pi - tié de nous ;
Rém Sib Do Fa
toi qui en - lè - ves les pé - chés du mon - de,
Do Fa Sol La Rém Sib
re - çois no - tre pri - è - re ; toi qui es as - sis à la
Do Fa Do Fa Sol La
droi - te du Pè - re, prends pi - tié de nous.
Rém Solm Do
Car toi seul es Saint, toi seul es Sei - gneur, toi seul es

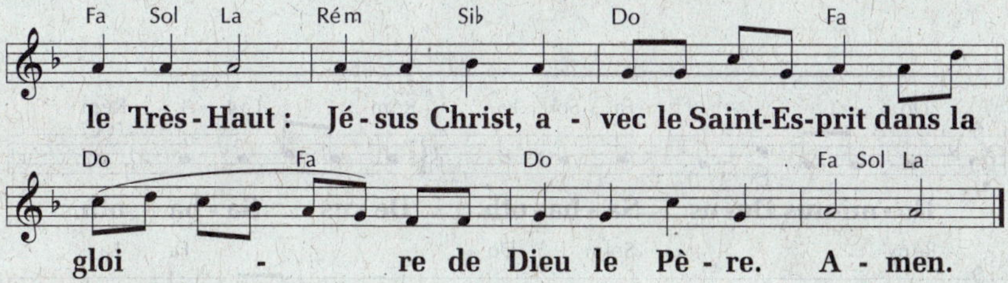

Alléluia

T. : Missel Romain ; M. : Communauté de l'Emmanuel (M. Hagemann) ; Éd. : l'Emmanuel.

Sanctus

T. : Missel Romain ; M. : Communauté de l'Emmanuel (M. Hagemann) ; Éd. : l'Emmanuel.

1. Do Fa Sol La
2. Rém La4 3 Rém
Do-mi-nus De-us Sa-ba-oth. De-us Sa-ba-oth.
Rém Solm Do Fa La
Ple-ni sunt cæ-li et ter-ra glo-ri-a tu-a. Ho-
Rém Si♭ Do Fa
san-na, ho-san-na, ho-san-na
1. Do Fa Sol La
2. Rém La Rém
Fine
in ex-cel-sis. Ho-in ex-cel-sis.
Rém Solm Do Fa La
D.S. al Fine
Be-ne-dic-tus qui ve-nit in no-mi-ne Do-mi-ni. Ho-

Anamnèse

T. : AELF ; M. : Communauté de l'Emmanuel (M. Hagemann) ; Éd. : l'Emmanuel.

Agnus

T. : Missel Romain ; M. : Communauté de l'Emmanuel (M. Hagemann) ; Éd. : l'Emmanuel.

LES RENDEZ-VOUS D'OCTOBRE 2025

SOMMAIRE

La mission en fête

« Être baptisé, c'est avoir une mission, celle de dire que je suis croyant », lance Jérôme, les yeux brillants, juste après son baptême. Une phrase simple, mais qui dit l'essentiel : la mission commence dans la joie de croire et de la partager.

Sainte Thérèse de l'Enfant-Jésus l'a bien compris. Depuis son carmel, elle a rejoint les confins du monde par la prière et l'amour offert. Sa « petite voie » continue d'inspirer ceux qui veulent semer l'Évangile avec tendresse et confiance.

La mission prend mille visages. Depuis 1844, le Réseau mondial de prière du pape fait battre le cœur de l'Église au rythme des intentions missionnaires. Notre journaliste en dévoile les coulisses.

Et en Colombie, Agathe, volontaire de la Délégation catholique pour la coopération (DCC), découvre une autre mission : celle du service. Dans un village de montagne, elle est bouleversée par la joie de l'accueil. « À travers nous, ils voyaient Dieu frapper à leur porte », confie-t-elle, émue.

En octobre, la mission est en fête. Et si nous y participions, chacun à notre manière ? ■

Karem Bustica
Rédactrice en chef de Prions en Église

« La mission commence dans la joie de croire et de la partager. »

LES PAGES DES NOUVEAUX BAPTISÉS

Jérôme, baptisé cette année

D.R.

Jérôme, 30 ans, marié et père d'un enfant de 5 ans, est chauffeur routier. Il habite à Moulins-lès-Metz (57). Il a été baptisé à Pâques 2025.

3 QUESTIONS À JÉRÔME

1 Qu'est-ce qui vous **porte** dans votre foi ?

2 Qu'est-ce qui reste **difficile** ?

3 Qu'est-ce qui vous **aide** à grandir ?

1 Je sais que le Seigneur est auprès de moi et qu'il me soutient. J'en suis encore étonné. Avant mon baptême, il m'a envoyé plusieurs signes. En 2022, alors que j'étais sur les routes, loin de notre domicile, notre maison a brûlé. Heureusement, ma femme et mon fils sont sortis à temps. Je suis entré dans une église et j'ai crié ma colère. Le prêtre est venu me parler, je lui ai raconté ma vie et il m'a proposé de me faire baptiser. En 2024, mon fils a été atteint de la maladie neurologique dite de Guillain-Barré. Les médecins étaient inquiets. Le prêtre est venu le baptiser à l'hôpital et, trois jours après, il allait mieux. Il est en pleine forme aujourd'hui. J'ai aussi eu un accident, seule la voiture a été abîmée. Le Seigneur est là.

2 Je continue à me poser des questions : pourquoi le Seigneur m'a-t-il fait signe à moi et pas à d'autres personnes ? Pourquoi m'a-t-il choisi ? Est-ce que j'aurais d'autres épreuves ? J'avais bien pensé au baptême à l'âge de 14 ans, après avoir eu la révélation que Dieu existait. Cependant ma famille n'était pas croyante et elle m'a demandé d'attendre d'être majeur. Le Seigneur n'a jamais cessé de me faire des signes, alors si d'autres épreuves arrivent, je sais qu'il ne faut pas perdre espoir.

3 Je ne suis plus seul. Tout d'abord, ce qui me soutient, c'est d'être entouré par d'autres croyants. En premier lieu par ma femme, elle est croyante ainsi que ma belle-famille et notamment mon beau-père. Je suis aussi entouré par ma communauté paroissiale. Elle nous a soutenus pendant toutes ces épreuves et elle est toujours proche. Il y a aussi ma marraine, c'était mon accompagnatrice pendant toute la démarche du catéchuménat et je sais que je peux la solliciter. Le baptême m'a fait devenir un homme nouveau. Le Seigneur m'a tendu la main. Être baptisé, c'est avoir une mission, celle de dire que je suis croyant. Je n'hésite pas à le faire. Je porte une grande croix très visible. Je suis heureux d'être devenu un apôtre ! ■

Propos recueillis par **Geneviève Pasquier**

Ce mois-ci, la rédaction vous recommande…

UN APÉRO

Vous venez d'être baptisé ? Vous êtes nouveau dans la paroisse ? Vous avez soif de rencontres, mais ne savez pas comment vous y prendre ? De nombreuses paroisses organisent **un apéro des nouveaux.** C'est l'occasion idéale pour partager une quiche ou un verre dans la bonne humeur et faire connaissance avec le curé, des paroissiens engagés, d'autres nouveaux… C'est simple, chaleureux, et surtout précieux pour dépasser la timidité des premiers dimanches et briser la glace. Et si, ces temps de partage n'existent pas dans votre paroisse, pourquoi ne pas lancer l'idée vous-mêmes ? Vous pouvez même le thématiser : un apéro-troc dans l'esprit de *Laudato si'*, un apéro-ludique pour se rencontrer autour de jeux de société, un apéro-quiz en équipes, avec des questions sur la Bible, les saints ou la liturgie, un apéro des talents où chacun partage un don ou une passion (chant, cuisine, bricolage…). À vous de jouer !

UN LIVRE

Vous croiserez une statue de sainte Thérèse, fêtée le 1er octobre dans presque toutes les églises. Pourquoi cette petite normande qui n'a jamais quitté son carmel occupe-t-elle une place si importante dans le cœur des catholiques du monde entier ? Pour comprendre sa spiritualité, la « petite voie », voici ***Thérèse de A à Z,*** un livre construit comme un abécédaire. Chaque mot est illustré par des extraits de la vie ou des écrits de la petite Thérèse, par des témoignages, des réflexions théologiques accessibles et des anecdotes. Idéal pour des repères afin de vivre l'Évangile au quotidien.

Thérèse de A à Z, **Guy Baret, Cerf, 304 p.**

UN FILM

Le 4 octobre, nous fêtons saint François d'Assise, un saint aussi inspirant qu'impressionnant par sa radicalité évangélique. Le film *L'ami* nous propose un regard de biais, à travers les yeux d'Élie, l'un des premiers compagnons du Povorello. C'est une plongée dans une fraternité en marche, portée par la prière, la pauvreté choisie et l'amour des plus petits. Un beau moyen de nourrir sa vie intérieure tout en découvrant une figure inspirante de sainteté. À voir seul ou en groupe, pour nourrir la réflexion et le dialogue.

L'ami, saint François et ses frères,
Disponible en DVD ou en VOD
sur des plateformes chrétiennes comme
Saje Distribution.

textes: Frédéric Pascal

CHEMIN D'ÉTOILES

Jacques Nieuviarts, prêtre assomptionniste

« Viens, Seigneur Jésus ! »

L'attente qui traverse toute la Bible se formule en ces quelques mots à la fin du livre de l'Apocalypse.

La traversée du livre de l'Apocalypse offre ses merveilles à qui sait franchir aussi ses passages arides. Ses premiers mots en disent la teneur : « Révélation de Jésus Christ. » C'est son unique sujet. De même, ses derniers versets seront tout entiers tendus vers lui : « Celui qui donne ce témoignage déclare : "Oui, je viens sans tarder." – Amen ! Viens, Seigneur Jésus ! » (Ap 22, 20). Cette formule clôt donc la Bible. Elle est souvent citée sous sa forme araméenne, sous laquelle elle n'apparaît en fait qu'une seule fois dans le Nouveau Testament (cf.1 Co 16, 22). Jean Chrysostome, Jérôme, Augustin et quelques autres lisaient « *maran'ata'* » (notre Seigneur est venu, sous-entendu : donc, il est là !). La finale de l'Apocalypse semble bien être la traduction grecque de ces mots, mais sous une forme voisine et proche : « *marana ta'* » (« viens, notre Seigneur ! »). C'est le cri de la foi des premiers chrétiens, repris – le savons-nous pleinement – dans nos liturgies, exprimant l'attente du retour du Christ. Tout entier tendu vers sa venue, le croyant est appelé à se laisser travailler par la parole de l'ange à l'Église de Thyatire, qui l'oriente vers la victoire définitive sur le Dragon, c'est-à-dire le Serpent des origines, qui fomente le mal (cf. Ap 12) : « Le vainqueur, celui qui reste fidèle jusqu'à la fin à ma façon d'agir […] sera comme moi qui ai reçu autorité de mon Père, et je lui donnerai l'étoile du matin. Celui qui a des oreilles, qu'il entende ce que l'Esprit dit aux Églises » (Ap 2, 26.28-29). Reparaît donc ici l'étoile du matin, c'est-à-dire le Christ lui-même, comme l'affirme clairement la finale du livre : « Moi, Jésus […], je suis le rejeton, le descendant de David, l'étoile resplendissante du matin » (Ap 22, 16). La deuxième lettre de l'apôtre Pierre l'affirme de même en une parole lumineuse qui éclaire l'ensemble de la Bible, tout particulièrement les prophètes : « [Oui], ainsi se confirme pour nous la parole prophétique ; vous faites bien de fixer votre attention sur elle, comme sur une lampe brillant dans un lieu obscur jusqu'à ce que paraisse le jour et que l'étoile du matin se lève dans vos cœurs » (2 P 1, 19). Telle est l'attente profonde de la Bible, qui insensiblement pétrit et transforme le lecteur devenu attentif aux étoiles, signes de la promesse de Dieu. ■

« "Marana'ta" est le cri de la foi des premiers chrétiens, repris dans nos liturgies. »

LES SECONDS RÔLES DANS LA BIBLE

Anne Lécu, dominicaine

Helcias, serviteur de la Torah

Dans le second livre des Rois, au chapitre 22, le prêtre Helcias fait une découverte majeure : il retrouve le livre de la Loi. Et c'est une femme, Houda, qui en explique les paroles.

Les livres des Rois nous font rencontrer de multiples personnages plus ou moins fréquentables, des bons rois, des mauvais, des idolâtres et des serviteurs du Très-Haut. Josias, fait roi très jeune, est un bon souverain. Il entreprend de réparer le Temple et pour ce faire organise une collecte. Il envoie son serviteur Shafane porter l'argent reçu au grand prêtre du moment, Helcias (parfois écrit Hilqiyyahu), dont le nom signifie « ma part, c'est le Seigneur ». Tous les êtres de ce petit chapitre semblent agir ensemble pour le bien du peuple, la reconstruction du Temple et la redécouverte de Dieu. Comme s'il y avait une contagion de la bonté. Or, que se passe-t-il ? Alors que Shafane apporte à Helcias l'argent collecté, voilà qu'Helcias lui annonce une grande nouvelle : « J'ai trouvé le livre de la Loi dans la maison du Seigneur. » Grande nouvelle, car on n'avait pas entendu parler de ce livre de la Loi depuis de nombreux chapitres. C'est donc que la Loi était perdue ou que, à tout le moins, personne ne s'en souciait plus. Le secrétaire du roi, à qui est remis le rouleau de la Loi, le lit. Puis, il va trouver le roi et le lui lit. Et le roi veut comprendre et envoie ses fidèles, Helcias, Shafane et quelques autres, trouver Houda la prophétesse. C'est donc bien une femme qui va expliquer au grand prêtre et au roi les paroles du livre perdu. C'est une femme qui prêche aux hommes et les convainc de chasser les idoles du Temple : sa réparation ne doit pas seulement être matérielle, il faut le débarrasser de ses idoles vaines, mais aussi de ses prêtres indignes •••

Première Alliance

« Le grand prêtre Helcias dit au secrétaire Shafane : "J'ai trouvé le livre de la Loi dans la maison du Seigneur." Et Helcias donna le livre à Shafane. Celui-ci le lut. » 2 Rois 22, 8

... et de la prostitution sacrée qui y règne. Le roi est bouleversé. Alors, il décide de mettre à exécution la prédication de la prophétesse Houda, et pour cela il s'appuie sur ceux en qui il a confiance, Helcias et Shafane notamment.

Il suffit parfois d'un rien, juste un homme ou une femme de Dieu attaché à la parole du Seigneur, capable de la découvrir au fond d'un placard dont nul ne faisait cas. Il ne lui a fallu qu'un peu d'attention. Le rouleau de la Torah ressemblait sans doute à d'autres textes de moindre importance, il était caché là, mais pour le trouver encore fallait-il un minimum le chercher. Le prêtre Helcias est cet homme qui n'apparaît qu'à l'occasion de cette petite histoire, et son rôle est pourtant immense : il remet la Parole au centre. Puissions-nous l'imiter ! Mais il n'agit pas seul, il transmet le livre de la Loi à celui qui sait le lire, à celui qui doit l'entendre et à celle qui sait l'interpréter afin d'aider le peuple à se débarrasser de ses idoles. ■

Nouvelle Alliance

« Amen, je vous le dis : Avant que le ciel et la terre disparaissent, pas un seul iota, pas un seul trait ne disparaîtra de la Loi jusqu'à ce que tout se réalise. »

Matthieu 5, 18

IL Y A 1700 ANS : LE CREDO

Emmanuelle Billoteau, ermite

Saint Athanase et la foi de Nicée

Le concile de Nicée (325) est une bonne occasion de faire plus ample connaissance avec un des Pères de l'Église : Athanase d'Alexandrie. Son implication fut grande pour défendre la foi en Jésus Christ, vrai Dieu et vrai homme, jusqu'à mettre sa vie en danger.

Au moment du concile de Nicée, Athanase est un jeune diacre que le patriarche Alexandre s'est adjoint comme secrétaire. Athanase va très vite lui succéder (328), alors qu'il n'a qu'une trentaine d'années. Homme très bien formé sur le plan théologique, philosophique et littéraire, il est parfaitement conscient des enjeux et, une fois élu, ne transigera pas sur les conclusions de ce concile qui est pour lui « la parole de Dieu qui demeure à jamais » (Commission théologique internationale). Autant dire qu'il reconnaît dans ce concile un événement dans et par lequel Dieu s'est manifesté. La mort de l'empereur Constantin et le partage de l'Empire entre ses trois fils va changer le…

… statut des chrétiens. Sous la gouvernance d'un empereur arien, Athanase va connaître différents exils (dès 336) qu'il saura mettre à profit pour faire connaître et expliciter la foi de Nicée en Occident (Trêves, Rome), ainsi que pour diffuser les enseignements des moines des déserts d'Égypte qu'il a fréquentés.

« Passionné de l'Incarnation du Verbe » (Benoît XVI), Athanase a su faire le lien entre le Credo et la vie spirituelle. C'est par notre « participation au Verbe, par le moyen de l'Esprit » que nous pouvons « posséder cette grâce », telle qu'énoncée dans le Psaume 81, 6 : « Vous êtes des dieux » (*Contre les Ariens* I, 9). La *Vie d'Antoine*, dans laquelle Athanase relate la vie et les enseignements de son ami, figure emblématique du monachisme, illustre bien cette conviction. Pour Antoine, le Christ n'est pas un simple modèle extérieur à imiter à la force du poignet mais le Verbe incarné, vrai Dieu et vrai homme, à la vie duquel il participe. Quand Antoine sort vainqueur de la tentation et du combat avec les démons, Athanase précise qu'il s'agit de la victoire du Christ en Antoine. Quand il décrit le moine après des années de solitude et de rude ascèse au désert, il prend soin de préciser que cette pratique n'a pas entamé l'intégrité physique et psychique d'Antoine, mais qu'il est devenu un authentique homme de Dieu, manifestant ainsi l'œuvre de divinisation qui s'accomplit en lui. La présence salvatrice du Christ ne l'a jamais quitté. Ce qui nous renvoie à nos propres combats, à notre propre périple.

Dans sa *Lettre à Sérapion*, Athanase met en valeur les implications de la foi en la « Trinité sainte et parfaite, reconnue comme Dieu dans le Père, le Fils et le Saint-Esprit », laquelle « est tout entière puissance créatrice et productrice [...] semblable à elle-même, indivisible par sa nature, et son activité [...]. En effet, le Père fait toutes choses par le Verbe dans l'Esprit Saint, et c'est ainsi que l'unité de la Sainte Trinité est sauvegardée ». Ainsi « est annoncé un seul Dieu, qui règne au-dessus de tous, par tous et en tous. Au-dessus de tous, comme Père, comme principe et source ; par tous, par le Verbe ; en tous, dans l'Esprit Saint ». Athanase fait le lien avec la première lettre aux Corinthiens (cf. 1 Co 12, 4) relative aux dons de l'Esprit : « Les dons de la grâce sont variés, mais c'est le même Esprit ; les services sont variés, mais c'est le même Seigneur qui agit en tout et en tous ». Et d'expliciter : « Car les dons que l'Esprit distribue à chacun sont donnés de la part du Père par le Verbe. En effet, tout ce qui est au Père est au Fils ; c'est pourquoi les biens donnés par le Fils dans l'Esprit sont les dons spirituels du Père. Quand l'Esprit est en nous, le Verbe qui nous le donne est en nous, et dans le Verbe se trouve le Père. Et c'est ainsi que s'accomplit la parole : "Nous viendrons chez lui et nous irons demeurer auprès de lui." Là où est la lumière, là aussi est son éclat ; là où est son éclat, là aussi est son activité et sa grâce resplendissante. » ■

Le Père fait toutes choses par le Verbe dans l'Esprit Saint, et c'est ainsi que l'unité de la Sainte Trinité est sauvegardée.

Sylvaine Lacout, théologienne,
laïque consacrée de la communauté des Béatitudes

Puiser à la source de la Parole

Le jubilé est un temps pour se mettre à l'écoute de la parole de Dieu.

Temps donné pour entrer dans l'intimité de Dieu, le jubilé est une invitation à se nourrir de sa parole. Dire « parole de Dieu », c'est dire que Dieu parle ! Les premières paroles de Dieu jaillissent lors de la Création : « Dieu dit : "Que la lumière soit" […]. Dieu dit : "Faisons l'homme à notre image" » (Gn 1, 3.26). Cette parole est créatrice. Sa parole est aussi appelante, l'histoire du salut commence à partir d'une parole adressée à un homme nommé Abraham : « Dieu dit à Abraham : quitte ton pays, ta parenté et la maison de tes pères et va vers le pays que je t'indiquerai » (cf. Gn 12, 1). Cette parole met en route à la suite d'Abraham un peuple avec une vocation particulière. Dix paroles fondatrices, données par Dieu à Moïse au mont Sinaï, vont orienter l'existence du peuple élu, lui tracer un chemin de vie. Par la parole des prophètes, Dieu va parler à son peuple rebelle pour lui manifester son amour et le faire revenir vers lui : « Venez, retournons vers le Seigneur. C'est lui qui a déchiré et c'est lui qui nous guérira, il a frappé et il pansera nos plaies. Au bout de deux jours, il nous aura rendu la vie, au troisième jour, il nous aura relevés et nous vivrons en sa présence » (cf. Os 6, 1-2). Et quand vint la plénitude des temps, la Parole va prendre chair en Jésus Christ et ouvrir un chemin de salut : « Et le Verbe s'est fait chair et il a habité parmi nous et nous avons vu sa gloire, cette gloire que, Fils unique plein de grâce et de vérité, il tient du Père » (cf. Jn 1, 14).

Dieu se sert de la parole dans la Bible et encore aujourd'hui pour communiquer la vérité, éduquer, instruire, fortifier, construire, consoler, redresser… Dieu ne dit pas seulement de belles choses édifiantes dans sa parole, il s'y donne lui-même. Le concile Vatican II parlera de la condescendance de Dieu dans sa parole, Dieu parle le langage des hommes pour pouvoir parler avec eux *(Dei verbum* III). La Parole est efficace, elle produit ce qu'elle dit : Dieu dit et la lumière fut. En hébreu le mot « *dabar* » dit à la fois parole mais aussi événement; une parole de Dieu dans nos vies peut être un événement qui change cette vie. Rappelons-nous de la vie de saint Antoine, père des moines, il entre dans une église, il entend : « Vends tous tes biens, donne-les aux pauvres et suis moi », ce qu'il fit aussitôt. En ce jubilé, mettons-nous à l'écoute de Dieu, il veut nous parler ! Créé à son image et ressemblance, le Seigneur rend chacun de nous capable d'écouter et de répondre à sa parole. ■

Une parole de Dieu dans nos vies peut être un évènement qui change cette vie.

Propos recueillis par **Anne-Quitterie Jozeau**, journaliste

Une vie de foi à deux

Très engagé dans la paroisse Sainte-Thérèse-d'Avila, à La Possession, sur l'Île de la Réunion, Sully Victor, 62 ans, raconte comment *Prions en Église* est la référence pour sa prière personnelle et conjugale.

« Avec Évelyne, mon épouse, la parole de Dieu façonne notre cœur et nous aide à aller vers les autres. La Parole nous aide particulièrement à mettre en cohérence ce que nous vivons en nous-mêmes et ce que nous faisons. En 2012, nous avons commencé à nous impliquer en famille dans notre paroisse de Sainte-Thérèse, à La Possession. Aujourd'hui, nos trois enfants volent de leurs propres ailes et nous recevons cent couples par an qui se préparent au mariage. Avec eux, nous parlons aussi bien de la place de Dieu dans le couple que de la communication. Leurs témoignages et leurs partages nous font grandir.

Notre engagement de couple se vit aussi auprès des plus pauvres. Chaque samedi matin, nous petit-déjeunons avec les personnes accueillies par le Secours catholique, non loin de la cathédrale de Saint-Denis. Et chaque jeudi, nous allons à l'accueil social du Secours catholique.

© Sandrine Martin

À côté de ces services pastoraux, nous prions régulièrement en couple. Notre prière est toute simple, mais elle fortifie et nourrit notre relation conjugale. Tous les matins, nous chantons l'office des laudes ensemble, puis reprenons les lectures de la messe, en nous arrêtant sur une parole qui nous a touchés. Ensuite, nous débattons tous les deux en nous posant à tour de rôle des questions. J'apprécie particulièrement ce moment de partage. C'est aussi un temps de pardon et de grâce. Auparavant, nous faisions de l'animation biblique. Aujourd'hui, j'ai toujours cet attrait pour l'étude des Écritures. Dans *Prions en Église*, nous lisons fréquemment le commentaire de l'évangile, les clés de lecture et l'invitation du jour. Ces textes nous aident à mettre en pratique la parole de Dieu. Par tous ces engagements, je cherche à répondre à la question que je pose au Seigneur depuis que je l'ai rencontré en 2007 : "Qui suis-je ? Que veux-tu de moi ?" » ■

Pourquoi échanger la paix ?

QUESTION DU MOIS

Entre le Notre Père et la fraction du pain, le Missel propose de se donner la paix, « dans la charité du Christ ». La paix, c'est le don du Ressuscité : l'échanger, c'est manifester notre foi en son amour, notre désir de son règne. Ce geste reste facultatif, à vivre « si cela convient », et sobrement, comme il sied en célébration. Mais deux écueils le guettent.

Il s'agit d'abord de l'oubli de ce qu'est la liturgie. Juste avant de communier à l'amour de Dieu, nous ne désespérons pas de nos impossibilités à gagner la paix, nous accueillons la paix que Dieu offre au monde. Nous ne nous donnons pas un « signe de paix », nous manifestons la paix, prophétique, eschatologique : échanger la paix avec la personne qui est à côté de moi, que peut-être je ne connais pas, que peut-être je n'aime pas, c'est croire que Dieu réconciliera toute l'humanité en sa joie.

Chaque conférence épiscopale décide les modalités de ce rite pour l'accorder aux cultures locales. Chez nous, le geste, qui était parfois excessif, s'est restreint depuis la pandémie de Covid-19 : trop convivial auparavant (ce n'est pas le moment de saluer toutes nos connaissances !), il est parfois inexistant aujourd'hui pour des raisons sanitaires. Il demeure cependant source de grâce, s'il est accompli avec foi et sobriété, dans la confiance et l'espérance. ■

Michèle Clavier,
théologienne

À la rencontre des chrétiens du Vietnam

Ce voyage à la fois touristique et pleinement spirituel vous emmènera à la rencontre des communautés chrétiennes locales et à la découverte des spiritualités ancestrales. En compagnie de Joseph Dung Nguyen, prêtre assomptionniste, l'itinéraire vous fera découvrir les trésors d'Hanoï, la splendeur de la baie d'Halong, la cité impériale de Huê, l'effervescence de Hô Chi Minh-Ville... Une expérience exceptionnelle entre foi et culture.

Cathédrale Saint-Joseph, Hanoï.

Baie d'Halong.

© AdobeStock

PRATIQUE **Du mardi 20 au samedi 31 janvier 2026.** Une sélection **"Prions en Église"** et **"Le Pèlerin"** organisée par Bipel. **Inscriptions :** 02 99 30 58 28 ou bipel.pelerinages@bipel.com ou bipel.com/vietnam-2026

Agathe Lorain, volontaire DCC* en mission à Bogota, Colombie

Une semaine particulière en Colombie

« Actuellement, je suis volontaire en appui à la gestion de projet, dans le centre Altos del Cabo, situé sur les hauteurs de Bogota. À l'occasion de la Semaine sainte, je suis partie en mission avec un groupe de jeunes colombiens, accompagné d'un prêtre. Nous sommes allés servir une communauté rurale reculée et dispersée dans la montagne. Chaque jour, nous nous rendions chez ces agriculteurs, en particulier les personnes âgées ou malades, pour leur apporter des denrées alimentaires, la communion et l'onction des malades. Nos visites étaient inespérées, ils ne nous attendaient pas et leur joie était immense. J'ai été émue de voir à quel point à travers nous, ils voyaient Dieu frapper à leur porte. C'était impressionnant de découvrir comment ils placent Dieu au centre de leur vie. Pour eux, ces jours de la Semaine sainte sont "entièrement dédiés à la messe", comme ils disent. J'étais heureuse, moi aussi, de pouvoir leur rendre visite tous les jours et de préparer les célébrations à leur côté. Je n'avais rien d'autre à faire, je donnais mon temps et mon énergie pour les servir. De quoi rendre à ces Jours saints, vécus en communauté, toute leur grandeur et leur sainteté. » ■

*La Délégation catholique pour la coopération (DCC) est le service du volontariat de l'Église en France.

DCC / A. Lorain

Messe dans la communauté à Vereda El Carmen, dans la municipalité de Caqueza, département de Cundinamarca (Colombie).

Geneviève Pasquier, journaliste

Les coulisses de la prière du pape

Chaque mois, en page 6 de votre mensuel *Prions en Église*, vous découvrez l'intention de prière universelle du pape pour le mois. Claire Jeanpierre, du Réseau mondial de prière du pape nous explique l'élaboration de cette intention et son rayonnement missionnaire.

Le Réseau mondial de prière du pape a été créé en 1844 à Vals-près-le-Puy (43) dans une maison de formation de jeunes jésuites. « Ils voulaient tous être missionnaires et partir rapidement au loin », explique Claire Jeanpierre. « Leur directeur spirituel leur a proposé de commencer par être des missionnaires dans leur vie quotidienne, en confiant au Christ tout ce qu'ils faisaient durant la journée », poursuit-elle. Il les a aidés à prendre conscience que la prière est une œuvre missionnaire. « Cette prière a été également proposée à leurs familles. À cette époque, quand un jeune partait en mission, sa famille ne le revoyait plus. Prier une même intention les unissait par-delà les frontières », continue-t-elle. Les premiers jalons de l'intention de prière du pape étaient jetés. Sous le nom d'Apostolat de la prière, cette prière s'est répandue comme une traînée de poudre. De française, elle est

© A. Mekary / LaMachi

Rassemblement à Rome pour les 175 ans du réseau Mondial de prière du pape en 2019.

devenue mondiale. Elle s'est un peu essoufflée dans la seconde moitié de XXe siècle et c'est le pape Jean-Paul II qui l'a revitalisée. « Cette proposition mensuelle de prière est élaborée de façon synodale. Chacun des quatre-vingts bureaux nationaux est invité à envoyer à l'équipe mondiale à Rome trois intentions de prière pour le monde et trois intentions pour l'Église. » Chaque bureau est invité à discerner autour de lui les enjeux cruciaux : la paix, les enfants soldats, les plus pauvres… L'équipe mondiale regroupe celles sur le même thème et en propose quinze au pape. Celui-ci en sélectionne douze et y ajoute sa touche personnelle. Le pape François en proposait toujours une sur la Création en septembre à l'occasion du Temps pour la Création. En 2016, l'Apostolat de la prière devient le Réseau mondial de prière du pape et l'intention s'accompagne d'une vidéo, une façon pour le pape de l'incarner pleinement. « Nous …

… nous sommes réjouis car le pape Léon XIV a fait siennes les intentions de 2026 et s'est impliqué dès son élection dans la vidéo mensuelle. » D'autres propositions sont venues étoffer cette intention de prière mensuelle. Ainsi l'équipe France, basée à Lyon et placée sous la responsabilité du père Jean-Luc Fabre, jésuite, offre une palette de propositions sur un site destiné aux francophones (www.prieredupapefrance.net) : un itinéraire spirituel « le chemin du cœur » en neuf étapes, une prière d'offrande, une newsletter, etc. Chaque mois, localement, de nombreux groupes se réunissent et découvrent ensemble l'intention de prière et la vidéo ; ils la prient et la méditent. « Depuis la création de ce réseau de prière, les intentions proposées parlent au cœur des hommes et des femmes et les aident à nouer une relation personnelle avec Jésus. Ce sont des prières de compassion pour le monde et pour l'Église. Elles ont une dimension de piété populaire : les personnes sont heureuses de prier avec le pape », conclut Claire Jeanpierre. ■

Octobre, mois de la mission

Ce rendez-vous s'ouvre le 1er octobre avec la fête de sainte Thérèse de Lisieux, patronne des missions. Il se poursuit, à l'invitation du pape, avec la Semaine missionnaire mondiale du 12 au 19 octobre. La mission continue en novembre avec le Congrès Mission du 7 au 9 novembre 2025 à Paris. Renseignements : https://congresmission.com/congres-mission-2025

Informations communiquées sous réserve de modifications. Renseignez-vous avant de vous rendre aux endroits indiqués.

LE JOUR DU SEIGNEUR – FRANCE 2 (11 heures)

5/10 Église Saint-Ayoul, Provins (77).
Prédicateur : P. Jean-Marie Petitclerc, salésien de Don Bosco.

12/10 Église Saint-Paul, Nîmes (30).
Prédicateur : P. Arnaud Montoux.

19/10 Église Saint-Louis-des-Français, Rome (Italie).
Prédicateur : Mgr Jean-Louis Bruguès, dominicain.

26/10 Église Saint-Loup, Domloup (35).
Prédicateur : P. Édouard Roblot.

FRANCE CULTURE (10 h 05)

5/10 Chapelle Notre-Dame de la Médaille miraculeuse, Paris (VIIe).
Prédicateur : Fr. Régis Morelon, dominicain.

12/10 Chapelle Notre-Dame de la Médaille miraculeuse, Paris (VIIe).
Prédicateur : P. Emmanuel Coquet.

19/10 Chapelle Notre-Dame de la Médaille miraculeuse, Paris (VIIe).
Prédicateur : Fr. Bertrand Gandubert, dominicain.

26/10 Chapelle Notre-Dame de la Médaille miraculeuse, Paris (VIIe).
Prédicateur : Mgr Bernard Podvin.

NUMÉRIQUE

Pour vous aider à préparer la liturgie

Vous devez préparer la liturgie d'un des dimanches d'octobre pour votre paroisse ou votre communauté ? Abonnés à l'offre numérique, le site *Prions en Église* met à votre disposition différents éléments qui vous aident à programmer cette célébration en cliquant sur l'onglet « Pour le dimanche ». Dans « Préparer la messe » comme dans « Préparer une célébration de la Parole », vous trouvez une introduction à la liturgie du jour, des explications des lectures ainsi qu'une trame vous permettant de prévoir cette célébration pas à pas. Un large programme de chants est aussi à votre disposition dans « Choisir les chants » : un lecteur audio vous permet d'écouter chaque chant proposé en entier. Sans oublier des contenus plus particulièrement adaptés aux enfants. ■

Dominique Pierre

www.prionseneglise.fr/messe-du-dimanche

CD

Lully – Benedictus

Grands motets (vol. 3)

Les Épopées, dir. Stéphane Fuget, Château de Versailles Spectacles

Même si Lully n'était pas chargé des liturgies royales à Versailles, il a composé pour de grandes circonstances des motets. Les Épopées interprètent magnifiquement ici son *Benedictus* (cantique de Zacharie), un *Notus in Judæa Deus* (Ps 75) ainsi qu'un *Magnificat* de Dumont, etc.

Grâce
Praise
ADF Musique

Avec ce nouvel album, le jeune groupe de louange Praise, originaire de Boulogne-Billancourt (92), apporte sa touche originale. Les musiques pop rock portent des textes riches (où l'on sent l'inspiration des psaumes) qui soulignent la « grâce » qu'est la rencontre avec le Christ. ■

Dominique Pierre

EXPOSITION

Les trésors méconnus de Viollet-le-Duc

Sur les hauteurs de Lyon, le musée de Fourvière met à l'honneur l'architecte Eugène Viollet-le-Duc (1814-1879) à travers une exposition inédite consacrée à un aspect méconnu de son œuvre : la création d'orfèvrerie liturgique. Grâce au Trésor de Notre-Dame de Paris, calices, reliquaires et tabernacles révèlent la vision d'un artiste total, maître du néo-gothique. Une plongée dans l'art sacré du XIXe siècle, entre restauration, création et démocratisation de la beauté. ■

Hélène Roquejoffre, *Le Monde de La Bible*

© Gaël FAVIER

Calice Dreux-Brézé,
Arthur Martin.

Jusqu'au 2 novembre 2025 – Musée de Fourvière, 7-8 place de Fourvière 69005 Lyon – www.fourviere.org/fr/

LIVRES

Enquête sur ces jeunes qui veulent devenir chrétiens

Antoine Pasquier,
Mame, 208 p.

Journaliste et catholique impliqué dans le catéchuménat au sein de sa paroisse, l'auteur livre une enquête approfondie et joyeuse sur la vague croissante de jeunes adultes qui demandent à recevoir le baptême. Alors même que l'Église catholique traverse une crise. Ces « étoiles » (pour reprendre une citation du cardinal de Lubac) forment une galaxie dont l'exploration commence tout juste.

Paroles de feu
Quand la Bible nous scandalise

Lytta Basset,
Albin Michel, 272 p.

Philosophe et théologienne protestante, Lytta Basset s'attache à livrer des clés de lecture de passages incompréhensibles ou même révoltants de la Bible. À partir, notamment, de son expérience d'accompagnement spirituel auprès de personnes sans culture chrétienne au départ ni a priori dogmatiques. Rappelant la force thérapeutique de la Bible, l'ouvrage ouvre des chemins de vie pour aujourd'hui.

Croire, qu'est-ce que ça change ?

Marion Muller-Colard,
Labor et Fidès, 112 p.

Théologienne protestante, autrice et éditrice, Marion Muller-Colard engage le dialogue avec ses enfants pour partager la façon dont « croire » a changé sa vie. Avec une dose d'esprit critique, elle retrace sa prise de décision de croire et d'en rendre grâce. Quand croire vient nourrir la liberté. Un essai lumineux, argumenté, pour croyants et non-croyants. Un art de croire et de savoir croire. ■

Robert Migliorini

Informations communiquées sous réserve de modifications.

Grand Nord-Ouest

LISIEUX (14)

DU JEUDI 2 AU SAMEDI 4

Colloque

À l'occasion du centenaire de la canonisation de Thérèse de Lisieux, Jean Eudes et Jean-Marie Vianney, une série de dix conférences libres d'accès, sous la direction du père François-Marie Lethel, pour découvrir ou approfondir la spiritualité de ces saints.
therese-de-lisieux.catholique.fr/evenement/sainte-therese-2025

BAINS-SUR-OUST (35)

DU VENDREDI 10 AU DIMANCHE 12

Session

« Dieu, la Bible, la foi », deux jours pour trouver des réponses : comment la Bible et la foi sont-elles nées ? Quels échos dans notre vie personnelle ? Au centre spirituel La Roche du Theil.
02 99 71 11 46 – larochedutheil.com
secretariat@larochedutheil.com

PELLEVOISIN (36)

MARDI 14

Pause maman

Une journée de prière, confession, réflexion entre 10 et 15 heures au sanctuaire Notre-Dame-de-la-Miséricorde.
sanctuaire@pellevoisin.net
www.pellevoisin.net

ALENÇON (61)

SAMEDI 18 ET DIMANCHE 19

Week-end

« Avec Louis et Zélie, accueillir la vie », un week-end pour tous à l'occasion des dix ans de la canonisation de Louis et Zélie Martin.
02 33 26 09 87
evenements@louisetzelie.com
www.sanctuaire-louisetzelie.com

Grand Nord-Est

DIJON (21)

MARDI 7

Retraite d'un jour

« La conduite vertueuse. » Une journée de prière à l'écoute de Dieu, proposée par les Pères de l'Oratoire à la Maison diocésaine.
03 80 38 18 85
mp.barnay@gmail.com

JOIGNY (89)

SAMEDI 11

Samedi pour Dieu

Une journée de halte spirituelle avec des propositions •••

•••pour se laisser modeler, transformer par le Christ, au centre Sophie Barat.
03 86 92 16 40
centre-sophie-barat@rscj.com
centre-sophie-barat.com

MOUVAUX (59)
SAMEDI 18 ET DIMANCHE 19
Retraite écospirituelle
Un week-end pour la Création, en réponse à l'appel de *Laudato si'*, au Hautmont.
03 20 26 09 61
contact@hautmont.org
www.hautmont.org

Grand Sud-Ouest

BORDEAUX (33)
DU MERCREDI 8 AU MERCREDI 19 NOVEMBRE
Formation
« Dieu Un et Trinité dans l'Ancien Testament », avec le père Jean-Michel Poirier. Cinq cours de 19 heures à 21 heures, à la maison Saint-Louis-Beaulieu.
05 57 81 74 96
secretariat@institutpeyberland.fr
www.institutpeyberland.fr

URT (64)
JEUDI 9
Atelier
Les communautés bénédictines d'Urt proposent des ateliers d'hébreu biblique animés par Yann Quiquempois, bibliste et diplômé d'hébreu biblique, au monastère Sainte-Scholastique de Belloc, à 15 heures.
06 70 06 69 71
yann.quiquempois@hotmail.fr
www.belloceturt.org

TOULOUSE (31)
DU VENDREDI 10 AU DIMANCHE 12
Session cinéma
« Pardon/ réconciliation ? »
Un week-end autour d'extraits de films, travaillés et interrogés, pour approfondir la manière dont le cinéma témoigne du pardon. Au centre spirituel Coteaux-Païs.
05 62 71 65 30
secretariat@coteaux-pais.net
www.coteaux-pais.net

Grand Sud-Est

LYON (69)
DU JEUDI 2 AU JEUDI 6 NOVEMBRE
Conférences
« Une Bible de lumière, les grandes verrières gothiques du XIIIe siècle »,

avec le père Philippe Abadie. Cinq conférences à Saint-Bonaventure.
07 60 18 28 30
www.saint-bonaventure.fr

FRANCHEVILLE (69)

DU LUNDI 13 AU DIMANCHE 19

Retraite en silence

« Entendre l'appel du cœur de Jésus. » Une semaine en chemin avec le cœur de Jésus avec un parcours biblique animé par le père Xavier Jahan, jésuite, au centre spirituel Le Châtelard.
04 72 16 22 33
accueil@chatelard-sj.org
www.chatelard-sj.org

LES HOUCHES (74)

DU LUNDI 27 AU DIMANCHE 2 NOVEMBRE

Retraite

« Le b.a.-ba de la foi », •••

ZOOM

LE PÈLERINAGE DU ROSAIRE

Le pèlerinage du Rosaire, créé par les Dominicains en 1908 à l'occasion du cinquantième anniversaire des apparitions de la Vierge Marie à Bernadette, se déroule du 1er au 4 octobre 2025 à Lourdes sur le thème « Avec Marie, pèlerins d'espérance ». Le prédicateur est le frère Jean-Paul Vesco, dominicain, cardinal-archevêque d'Alger. Inscrites dans leur délégation régionale, 18 000 personnes sont attendues à ce temps fort de prière et de ressourcement spirituel. « Nous accompagnons à Lourdes 935 personnes dont une centaine de malades de la région "Isle-de-France" (l'Île-de-France avec la région d'Orléans) », explique Paul Corpechaut, responsable des hospitaliers de cette région. « Pour aider les personnes malades de notre région, j'ai une équipe de personnes âgées de 25 à 45 ans que j'ai la joie de voir revenir chaque année et à laquelle des nouveaux s'ajoutent grâce au bouche-à-oreille », poursuit-il. Le Rosaire, c'est aussi près de 2 500 collégiens, lycéens, étudiants et jeunes pros qui se mettent au service du pèlerinage. ■

www.pelerinage-rosaire.org

Geneviève Pasquier

... avec Mgr Michel Dubost. Une semaine au Foyer de charité de la Flatière réservée aux personnes recommençantes dans la foi.
04 50 55 50 13 – flatiere.org

Île-de-France

SAINT-PRIX (95)

DU MERCREDI 8 AU VENDREDI 10

Retraite

« Mission et transmission », avec le père Michel Martin-Prével. Avec Anne et Joachim, l'art d'être grands-parents : servir l'unité familiale et transmettre la foi.
01 34 16 09 10 – massabielle.net

VERSAILLES (78)

MARDI 14

Matinée spirituelle

Chaque mois, un rendez-vous pour se ressourcer avec un psaume et un récit évangélique, au centre spirituel Notre-Dame du Cénacle.
01 39 50 21 56
secretariat@cenacle78.fr

AVON (77)

DU LUNDI 27 AU SAMEDI 1ER NOVEMBRE

Retraite

« Vivre un chemin de sainteté avec la petite Thérèse. » Découvrir à travers les dernières lettres de Thérèse son lien avec les prêtres et son sens du sacerdoce baptismal, au centre spirituel d'Avon.
01 60 72 28 45
contact@centrespirituel-avon.org
www.centrespirituel-avon.org

France

SAMEDI 4 ET SAMEDI 11

Randonnée

8e édition de la Rando des papas d'une personne malade ou handicapée. Dans toute la France.
papas@och.fr – och.fr

ENVOYEZ VOS RENDEZ-VOUS À L'AGENDA DE PRIONS EN ÉGLISE

Merci d'envoyer les informations nécessaires 3 mois avant l'événement, sans engagement de publication par la rédaction, à : *Prions en Église,* Agenda, 15 boulevard Gabriel-Péri, CS 10042 92245 Malakoff Cedex, ou par e-mail : *prionseneglise@groupebayard.com*

PrionsenÉglise 15, boulevard Gabriel Péri CS 10042
ww.prionseneglise.fr 92245 Malakoff Cedex

▶ **POUR CONTACTER LE SERVICE CLIENT : 01 74 31 15 01** – service.client@groupebayard.com
(Préciser : nom + adresse postale + « concerne Prions en Église ».)

▶ **POUR VOUS ABONNER : 01 74 31 15 01** – www.librairie-bayard.com
Bayard, Prions en Église, TSA 60007, 59714 Lille Cedex 9

▶ **POUR CONTACTER LA RÉDACTION :** prionseneglise@groupebayard.com

recteur de la publication : François Morinière. Directrice déléguée : Emmanuelle Delapierre. Rédaction : Karem Bustica édactrice en chef), Dominique Pierre (rédacteur en chef délégué), Pomme Mignon (rédactrice en chef adjointe visuel, rectrice artistique), Frédéric Pascal (rédacteur en chef adjoint), Armelle Gabriel (assistante), Nicolas Crouzier (secrétaire énéral de la rédaction), Jean-Baptiste Deau, Cécile Toussaint (1ers secrétaires de rédaction), Laurent Sangpo (rédacteur aphiste), Ania Biszewska (rédactrice photo), Sébastien Antoni (chef de grande rubrique), Anne-Quitterie Jozeau, eneviève Pasquier (rédactrices). Prépresse : Milan. Ont participé : Geneviève de Balincourt, Thibault Van Den Driessche. arketing éditeur et développement : Amandine Boivin. Marketing diffusion et abonnement : Aurore Bertrand (directrice), ndrine Dos Santos (chef de marché). Directeur des terrains catholiques : Cédric Bloquet. Contrôle de gestion : Marie-bane de Vallée. Fabrication : Grégory Cervantes. Impression : Maury SAS, Z.I. Route d'Étampes, 45330 Malesherbes. xtes liturgiques : © AELF. Chants : © Éditeurs. © Bayard et Novalis. Reproduction interdite sans autorisation. *Prions en glise* est édité par Bayard, société anonyme à Directoire et Conseil de Surveillance au capital de 16 500 000 €. tionnaires : Augustins de l'Assomption (93,7 % du capital), SA Saint-Loup, Association Notre-Dame de Salut. Directoire : ançois Morinière (président et directeur de la publication), Dominique Greiner (directeur général). Président du Conseil Surveillance : Hubert Chicou. Dépot légal à parution. CPPAP : 0425K86471 - ISSN : 0383-8285. Belgique et uxembourg : Bayard Presse Bénélux, Da Vincilaan, 1 – 1930 Zaventem. Tél. : 0800 250 38 (de Belgique, gratuit) ou 00 29 195 (du Luxembourg). Web marché chrétien : librairie-bayard.com. Suisse : Asendia Press Edigroup SA, Chemin Château-Bloch 10, 1219 Le Lignon. Tél. : 00 41 22 860 84 02. Mail : abobayard@edigroup.ch

PEFC
10-31-1282
Certifié PEFC
Ce produit est issu de forêts gérées durablement et de sources contrôlées.
pefc-france.org

IMPRIM'VERT

***Prions en Église* agit pour l'environnement**
Origine du papier : France. Taux de fibres recyclées : 100 %. Origine des fibres : papier issu de forêts gérées durablement. Impact sur l'eau : PTOT 0,003 kg/T

FR

Ce numéro comporte :
Sur la totalité de la diffusion : encart broché "Prions en Église" autopromotion 2025-2026 ; encart posé "Le Pèlerin" abonnement ; encart posé "Prions en Église Junior" abonnement ; encart posé "Prions en Église Éphéméride prière 2026" ; encart jeté "Prions en Église" autopromotion 2025-2026 ; signet jeté "Prions en Église".
Sur une partie de la diffusion : relance posée "Bayard" offre d'abonnement.

Bulletin d'abonnement

☐ **OUI, je m'abonne à *Prions en Église***
Je recevrai le hors-série *Noël 2025* **EN CADEAU**

GRELHS0133

ÉDITION	POCHE (13 × 11,9 cm) PRI	GRAND FORMAT (16 × 14,6 cm) PRI	
PRÉLÈVEMENT MENSUEL Uniquement par internet	**4,90 €/mois**	**5,75 €/mois**	+ un accès à tous les contenus du site et de l'application
PAIEMENT COMPTANT	**1 an** (12 nos) ☐ **59 €**	**1 an** (12 nos) ☐ **69 €**	
	2 ans (24 nos) ☐ **105 €**	**2 ans** (24 nos) ☐ **115 €**	
	Étudiant 1 an ☐ **29,95 €***		

PAR COURRIER Renvoyez ce bulletin accompagné de votre chèque payable en France libellé à l'ordre de « Bayard » à l'adresse suivante : **Bayard - TSA 40020 - 93539 Aubervilliers CEDEX**

PAR INTERNET sur **librairie-bayard.com/abopri** (paiement 100 % sécurisé)

▶ Le paiement en espèces n'est pas accepté. N'envoyez en aucun cas d'espèces par courrier.

COORDONNÉES ☐ Mme ☐ M. Prénom

Nom A177755

Complément d'adresse (résid./esc./bât.)

N° et voie (rue/av./bd…)

Code postal Ville

Pays Date de naissance J J M M A A A A

Tél. E-mail

Pour recevoir la confirmation de votre abonnement, nos newsletters et correspondre avec vous par courriel

RENSEIGNEMENTS POUR LES ABONNEMENTS HORS FRANCE MÉTROPOLITAINE

		DOM-TOM & UE	AUTRES PAYS	BELGIQUE	SUISSE
Téléphone		(33) 174 311 501		02 808.09.85**	(022) 860 84 02
POCHE	1 an	62 €	68 €	Renseignez-vous sur les tarifs et abonnez-vous par téléphone	
	2 ans	111 €	123 €		
GRAND FORMAT	1 an	72 €	78 €		
	2 ans	121 €	133 €		

*Uniquement en France métropolitaine. Cette offre ne contient pas de cadeau. Joindre une photocopie de la carte d'étudiant. **Appel gratuit